W0059365

Köstliches
aus der
norddeutschen
Küche

Dieter Heinz

Köstliches
aus der
norddeutschen
Küche

Eine Auswahl
typisch norddeutscher
Kochrezepte

KOMET
Edition Kock

Sonderausgabe für KOMET, Frechen
Alle Rechte bei: Hans-Peter Kock, Bielefeld
Gesamtherstellung: KOMET, Frechen

Vorwort

In der Hansestadt Hamburg gehört das Mühlenkamper Fährhaus zu den ältesten Restaurants bester hanseatischer Tradition. Heute bietet dieses Spitzenrestaurant neben aktuellen und internationalen Kreationen ebenso auch eine saisonale Auswahl an typischen, traditionellen Gerichten der norddeutschen Küche.

Um ein Buchvorhaben mit Rezepten typisch norddeutscher Gerichte realisieren zu können, lag es nahe, den Küchenchef dieses Hauses anzusprechen. Hier hat uns nun der Chefkoch, Herr Dieter Heinz, seine aktive Unterstützung gegeben und es ist dabei eine beachtliche Rezeptsammlung in Form dieses Buches herausgekommen.

Dieses bietet eine ausgewogene Auswahl von Rezepten typischer norddeutscher Gerichte aus der Vielfalt der hanseatischen und angrenzenden Küchen. Natürlich nehmen Fischgerichte, bedingt durch die maritime Lage Hamburgs, ein großes Kapitel in diesem Buch ein.

So darf hier zum Beispiel die Hamburger Aalsuppe nicht fehlen. Noch heute streiten sich die Geister, ob Aal als Einlage für diese saure Suppe obligatorisch oder verwerflich ist.

Zu den weiteren Köstlichkeiten zählt unbedingt auch der Babysteinbutt nach „Marktfrauen Art", der auf dem Blech zusammen mit feinen Gemüsen im Ofen gegart wird.

Auch erfährt man, daß selbst Admiräle dem Labskaus der gemeinen Mannschaft zugetan waren, sofern dieses entsprechend ihrem Range etwas „verfeinert" wurde mit Reibekuchen, Möwen-Spiegelei und Kaviar.

Eine possierliche Tradition haben die feinen, fleischigen Hamburger Stubenküken, die einst in den ländlichen „Guten Stuben" der Elbbauern in „Heimarbeit" gemästet wurden.

„Schnüsch" ist zwar ursprünglich ein ländliches Gericht von Wurzeln, Brech- und Pferdebohnen, großer Beliebtheit erfreute es sich jedoch insbesondere in den sogenannten „besseren hanseatischen Kreisen".

Selbst ein einfacher Ochsenschwanz - hamburgisch Ochsensteert - wird in der hanseatischen Küche zu einem attraktiven und beliebten Gericht in Verbindung mit Madeira und feinen Nudeln.

Als „bestes Gemüse" gilt dem Hanseaten auch heute noch ein gut abgehangenes Beefsteak, pikant gewürzt und mit Liebe gebraten.

Anderes Gemüse wie Steckrüben und Kartoffeln mag der Hamburger zusammen mit Schweinebauch als "Hamburger National", das nicht nur als „Kraftnahrung" bei den Schauerleuten, sondern auch von der Kaufmannschaft gleichermaßen geschätzt wurde und wird.

Ein „großer Hans", hat allerdings keine Ähnlichkeit mit dem bekannten Schauspieler Hans Albers, auch handelt es sich nicht um einen der „Bäcker-Jungs", die morgens frische Rundstücke (Brötchen) ausfahren, sondern um einen Hefekuchen, der als Dessert zusammen mit einer leckeren erfrischenden Zitronensauce gereicht wird.

Doch werfen Sie nun mit uns einen Blick in das Kochbuch unseres Hamburger Küchenchefs. Wir wünschen Ihnen viel Spaß beim Lesen und Umsetzen der Rezepte, die, soweit nicht anders angegeben, jeweils für 4 Personen gelten.

Der Herausgeber

Inhaltsverzeichnis

Suppen und Eintöpfe

Fischgerichte

Gemüse - und Fleischgerichte

Suppen
und Eintöpfe

Hamburger Krabbensuppe

sollte immer aus frischen Nordseekrabben zubereitet werden. Sie werden nach dem Fang gekocht und gelangen bereits gepult oder auch ungepult in den Handel. Die richtige Bezeichnung für Krabben ist eigentlich Garnelen, englisch shrimps, französisch crevettes. An der Küste sagt man auch Porren und Granat.

1 kg Nordseekrabben (ungepult), 4 Eßl. Butter, 2 Teel. Krebsbutter, 1 Bund Suppengemüse (Sellerie, Möhren, Petersilie, Lauch), 250 g geschälter Spargel, 200 g junge gepalte Erbsen, 1 Prise Salz, 1 Prise Zucker, 30 g Mehl, 1/4 Liter Weißwein, 1/4 Liter Sahne, Limonensaft, Curry, 1 Zweig Dill

Zunächst die Krabben pulen, dann die Krabbenschalen in einem Topf mit der Butter und Krebsbutter sowie dem Suppengemüse etwa 5 Minuten leicht anbraten. Gleichzeitig den Spargel und die Erbsen in 1 Liter kochendem Salzwasser mit etwas Zucker garen, Spargel und Erbsen müssen noch „Biß" haben.
Jetzt über die Krabbenschalen Mehl streuen, umrühren und den Weißwein, Spargelerbsenfond, die Sahne und den

Limonensaft aufgießen. Mit einem Schneebesen die Masse freirühren und nochmals 10 Minuten kräftig durchkochen. Anschließend durch ein feines Sieb in eine große Suppenschüssel gießen.

Den Spargel in 1 cm große Stücke schneiden, mit den Erbsen und dem Krabbenfleisch in die Suppe geben. Mit Dill und eventuell leichter Currysahne garnieren.

Körbe für den Garnelenfang an der Küste.

Das Beste vom
Hamburger Fischmarkt

so nennt der Chefkoch vom Mühlenkamper Fährhaus seine klare Fischsuppe mit Filet von Edelfischen.

Für den Fischfond (8 Pers.):1 kg Fischgräten (vom Steinbutt, Seezunge, Rotzunge usw.), 600 g Suppengrün (Fenchel, Sellerie, Lauch, Möhren), 1/4 Liter Olivenöl, 5 Liter Wasser, 1 Spickzwiebel, 1 Bund Dill, 1 Bund Petersilie, 1 Knoblauchzehe, 1 Messerspitze Safran, 1 Eßl. Zucker, 3 Eßlöffel Salz, 3 - 4 zerdrückte Pfefferkörner, 7 Eiweiß, 0,7 Liter Weißwein.

Für die Suppeneinlage: 1,5 kg Fischfilets vom Steinbutt, Seezunge, Lachs, Garnele, 8 Hummerkrabben, 400 g Suppengemüse (Sellerie, Lauch, Möhren).

Zunächst die Gräten klein hacken, das Suppengemüse klein schneiden und in heißem Olivenöl kurz anschwitzen.
Dann mit dem Wasser ablöschen, sämtliche Gewürze zufügen und zum Kochen bringen. Schaum und Trübstoffe von der Oberfläche abschöpfen, den Topf vom Feuer nehmen und etwa 1/2 Stunde stehen lassen.
Danach den Fischsud durch ein feinporiges Leinentuch in einen anderen Topf gießen, die Gräten und das Gemüse werden nicht mehr gebraucht.

Das Eiweiß in dem kalten Weißwein gut verquirlen und in den bereits ein wenig abgekühlten Fischsud hineinrühren. Den Sud wieder zum Kochen bringen. Das Eiweiß schließt beim Gerinnen (bei 70-76 Grad) die restlichen Trübstoffe ein und der Fischfond wird nach nochmaligem Aufkochen und Passieren durch ein Leinentuch schön klar und hat eine leicht gelbliche Farbe.

Zum Schluß die *rohen* Edelfischfilets, Lachs, Garnelen und Hummerkrabben, sowie feingeschnittenen Sellerie, Lauch und Möhrenstreifen, alles in *rohem* Zustand, in den Fischsud geben und nur noch einmal zum Kochen bringen. Dann mit frischem Baguette servieren.

Fischmarkt Ende 19. Jahrhundert

Flußkrebse in Dillweinsud

früher aus der Elbe und den umliegenden Gewässern Hamburgs. Heute bezieht man Krebse aus der Türkei, Frankreich und Kanada. Gekocht in 2 Portionen bleibt ihr natürlicher unverfälschter Geschmack.

2 Liter Weißwein, 3 Liter Wasser, 4 Bund Dill, 2 Eßl. Zukker, 4 Eßl. Salz, 3 Pfefferkörner, 3 kg lebende Flußkrebse.

Aus dem Weißwein und Wasser mit dem feingehackten Dill, Zucker, Salz und Pfeffer einen Sud herstellen. Erst wenn dieser sprudelnd kocht, die lebenden Krebse in jeweils 2 Portionen à 1,5 kg hineingeben, den Deckel verschließen und 10 - 12 Minuten kochen lassen, dann herausnehmen. Die Krebse und den Sud mit frischen Dill zu Toastbrot und Butter getrennt servieren.

Zum Verzehr die Krebse in Einzelteile zerlegen, die Spitzen der Scheren kappen und mit dem Messer seitlich öffnen. So läßt sich das Fleisch leicht herauslösen bzw. auslutschen. Den Schwanzpanzer ebenso mit dem Messer seitlich aufschneiden, aufbiegen und das Fleisch herausnehmen. Nach etwa 30 Minuten die 2. Portion Krebse kochen und nachreichen.

Flußkrebsschwänze in Brühe mit Ochsenmarkscheiben

Für 4 Personen: 1 Liter Rinderkraftbrühe, Salz und Pfeffer, 500 g gekochte ausgelöste Krebsschwänze, 350 g frisches in dünne Scheiben geschnittenes Ochsenmark, 4 Eßl. feingeschnittene Blattpetersilie.

Die Rinderkraftbrühe in einem Topf zum Kochen bringen, mit Salz und Pfeffer abschmecken, die Krebsschwänze und die Ochsenmarkscheiben zugeben, dann 5 Minuten am Ofenrand stehen lassen - die Brühe darf nicht mehr kochen! In weißen tiefen Tellern mit Petersilie servieren.

Flußkrebs

Hamburger Aalsuppe

ist eine Hamburger Spezialität, obwohl man anderorts auch Aalsuppen kennt. Sie war ursprünglich eine Gemüsesuppe „mit allem drin" und damit waren außer dem Gemüse viel Kräuter, Schinkenfleisch und Backobst gemeint. „Aal's bin" heißt es dann auf plattdeutsch.

Doch gibt es Leute, die behaupten, die Suppe hieße so, weil sie immer auch viel Aalkraut nämlich Bohnenkraut enthielt. Der Zugereiste hingegen, erwartete eine Suppe mit echtem Aal, um sich nicht „geleimt" zu fühlen. Also sahen sich Hamburgs Gastwirte veranlaßt auch Aal mit hineinzunehmen. So gibt es nun zwei Hamburger Aalsuppen, jene ohne Aal, die man auch „frische Suppe" oder „saure Suppe" nennt, und diese mit Aal :

500 g gemischtes Backobst (Pflaumen, Birnen und Äpfel), 1 Knochen vom Katenschinken (mit Schwarte und Abschnitten), 2,5 Liter Fleischbrühe, 1 Bund Bohnenkraut, 1 Bund Petersilie, 1 Bund Dill, 1 Staudensellerie (englische Sellerie), 250 g Möhren, 1 Stange Porree, 300 g frische Erbsen, 1 frischer Aal 450-550 g (küchenfertig), 2 dl Weißwein, 1 Lorbeerblatt, Salz, Zucker, Essig 25 %.

Zweckmäßigerweise das Backobst einen Tag vorher in einem Topf mit kaltem Wasser einweichen. Als nächstes den Schinkenknochen 3 - 5 Minuten in kochendes Wasser geben und mit kaltem Wasser abspülen, dann erst in der Fleischbrühe zusammen mit den Schinkenabschnitten, den Bohnenkraut-, Petersilien- und Dillstengeln sowie den Schalen von Sellerie und Möhren etwa 1 Stunde kochen. Danach die Brühe abfetten und durch ein feines Sieb oder Tuch in einen anderen Topf gießen. Das Fleisch vom Schinkenknochen ablösen, in kleine Würfel schneiden und wieder in die Suppe geben. Jetzt das Backobst mit dem geputzten und gewürfelten Gemüse sowie den Erbsen etwa 20 Minuten in der Suppe kochen.

In der Zwischenzeit den Aal in 3 - 4 cm große Stücke schneiden und in einem Topf mit etwas Wasser, dem Weißwein, Lorbeerblatt, Salz und etwas Zucker 10 Minuten garen. Schließlich das Aalfleisch in kleinere Stücke schneiden und zusammen mit dem Kochsud in die Suppe geben, mit Zucker und Essig süßsauer abschmecken, noch einmal aufkochen und die gehackten Kräuter darübergeben.

Aalreusen an der Elbe

Legierte Entensuppe mit Leber und Keulenfleisch

die angerösteten Äpfel und Rosinen geben der Suppe die besondere Note.

4 frische Entenkeulen, Salz, Pfeffer, 2 Liter Geflügelbrühe, 1/4 Liter Rotwein, 1 Zweig Thymian, 100 g Entenleber, 1 gewürfelter , entkernter Apfel mit Schale, 80 g Rosinen, 4 cl Sherry, 3 Eigelb, 1/8 Liter Sahne.

Zuerst die Entenkeulen mit Salz und Pfeffer einreiben und im vorgeheizten Backofen bei 250 Grad etwa 14 Minuten anbraten. Danach in der Geflügelbrühe 20 Minuten kochen, den Rotwein und den Thymianzweig mit hineingeben. Anschließend die Keulen aus der Suppe nehmen, das Fleisch von den Knochen lösen, in Streifen schneiden und warm stellen.
Nun das Entenfett von der Suppe abschöpfen und 3 Eßlöffel davon in eine heiße Bratpfanne geben. Die Entenleber in Streifen schneiden und mit den Äpfeln und Rosinen dar-

in anbraten. Mit Salz und Pfeffer würzen, mit dem Sherry ablöschen und zusammen mit dem warmgestellten Keulenfleisch auf vier Tellern verteilen.

Zum Schluß das Eigelb mit der flüssigen Sahne verrühren und die noch leicht köchelnde Suppe damit legieren, die Suppe darf nun nicht mehr kochen. Sogleich auf die vorgewärmten Teller zu der Fleischeinlage geben.

Bevorzugt werden Enten aus Vierlanden

Wendländische Hochzeitssuppe

Für 10 - 12 Personen: 1 Suppenhuhn, 5 Liter Rinderbrühe, 1 Spickzwiebel (1 Lorbeerblatt, 2 Nelken), 1 Bund Suppengemüse (Sellerie, Petersilienwurzel, Möhren, Lauch), 1 Liter Wasser, 8 Eier, 3/8 Liter Milch, etwas Salz, Muskat, 1 Gefrierbeutel, 1 kg frisch gekochter Spargel (in 1 cm großen Stücken, mit Sud), 300 g gepalte Erbsen, 600 g abgeschmecktes Mett, Salz, Pfeffer, gehackte Petersilie.

Zuerst das Suppenhuhn in der Rinderbrühe kalt aufsetzen, mit der Spickzwiebel und dem Suppengemüse zum Kochen bringen. Die Suppe leicht köcheln lassen bis das Huhn weich ist, zwischendurch abfetten.

Dann das Suppenhuhn herausnehmen, das Fleisch ablösen und in kleine Würfel schneiden, warm stellen.

Für den Eierstich die Eier aufrühren, die Milch zugeben und mit etwas Salz und Muskat würzen. Nun in einen entsprechend großen Gefrierbeutel gießen, diesen gut verschließen und in einen Topf mit kochendem Wasser legen, bei geschlossenem Deckel etwa 20 Minuten sieden lassen. Dann herausnehmen, erkalten lassen und den fertigen Eierstich in Würfel schneiden.

Jetzt die Suppe durch ein feines Sieb gießen, den bereits fertiggestellten Spargelsud zugießen und wieder aufkochen lassen.

Aus dem Mett kleine Bällchen formen, diese mit dem Spargel, den Erbsen sowie dem Hühnerfleisch und Eierstich in die Suppe geben. Mit Salz und Pfeffer würzen, Petersilie darüberstreuen und nochmals kurz aufkochen.

Hochzeitsfest auf dem Lande Anfang 19. Jahrhundert

Schnüsch

ein Gemüseeintopf, wie man ihn nur an der Waterkant kennt. Ein dick geschnittener Holsteiner Katenschinken gehört auf jeden Fall dazu.

300 g Möhren, 300 g Pferdebohnen (gepult), 400 g Brechbohnen, 500 g Kartoffeln, 300 g Erbsen, 1 Speckschwarte, Salz, Zucker, Bohnenkraut, Petersilie, 1/2 Liter Milch, 1 Eßl. Speisestärke, Butter, 600 g Holsteiner Katenschinken.

Zuerst alle Gemüse und die Kartoffeln kochfertig vorbereiten. Dann in einem Topf mit Wasser ohne die Erbsen, jedoch mit Speckschwarte, Salz und Zucker, dem Bohnenkraut und der Petersilie gar kochen.

Dreiviertel des Suds abgießen, die Speckschwarte entnehmen, jetzt die Erbsen hineingeben und alles wieder zum Kochen bringen.

Nun noch die kalte Milch mit der Speisestärke anrühren und nach und nach in den Gemüseeintopf hineingeben.

Schließlich mit Butterflocken und etwas Petersilie garnieren und mit dick geschnittenem Holsteiner Katenschinken servieren.

Möhren, Erbsen und Pferdebohnen

Hanseatische Rotweinsuppe

0,7 Liter Bordeaux, 2 Zitronen, 150 g Zucker, 1 Messersp. Piment, 1 Messersp. Muskat, 1 Messersp. Zimt, 1 Eßl. Speisestärke , 1/8 Liter Wasser, 4 Scheiben Pumpernickel.

Den Rotwein zum Kochen bringen, die geriebene Schale der 2 Zitronen, Zucker, Piment, Muskat und Zimt zugeben.
Speisestärke im kalten Wasser und dem Saft der Zitronen glattrühren und im kochenden Rotwein auflösen.
Nun 4 Scheiben Pumpernickel in feine Würfel schneiden und in einer heißen Pfanne anrösten, dann in die Suppe geben. Bei einer Kaltschale gibt man statt geröstetem Pumpernickel 1 Teelöffel Sauerrahm auf jeden Suppenteller und garniert mit Pfefferminzblättern.

Segelschiffe brachten Wein, Tee, Rum und Zucker

Fliederbeersuppe mit Klüten

1 Liter Fliederbeersaft, 1 Teel. Zitronenschale, 1/4 Zimt-
stange, 1 Nelke, 1/4 Liter Wasser, 8 g Speisestärke (Mon-
damin), 4 saure Äpfel, 125 g Zucker,

Für die Klüten: 1/4 Liter Wasser, 90 g Zucker, 2 Eßl. Zitronen-
saft, 1 Prise Salz, 30 g Butter, 90 g Grieß, 3 Eier, 100 g Quark.

Zunächst den Fliederbeersaft mit der Zitronenschale, Zimt
und Nelke zum Kochen bringen und mit der vorher in Wasser angerührten Stärke binden.
Die Äpfel schälen, entkernen und in dünne Scheiben schneiden. Je nach Belieben mit leichtem Zuckerwasser blanchieren oder auch roh in die Suppe geben.
Für die Klüten das Wasser mit dem Zucker und Zitronensaft, etwas Salz und Butter aufkochen , den Grieß hineinrühren und dann vom Topfboden freirühren, zum Schluß
die Eier unterziehen und den Topf vom Ofen nehmen.
Noch vor dem Erkalten die Masse mit dem Quark vermengen und die Klüten mit einem Eßlöffel in kochendes Wasser geben, 20 Minuten ziehen lassen.
Die Suppe kann heiß oder auch kalt gegessen werden. Mit
den Apfelspalten und Klüten ist auch diese Suppe an warmen Sommertagen eine herrliche Erfrischung.

Altländer Holunderblütensuppe mit Schwänchen

um den besonderen Holunderblütengeschmack zu bekommen kochte Großmutter die frischen Blüten kurz in der Milch mit. Hier ihr Geheimnis:

1 Liter Milch, 4 große Holunderdolden (Blüten vom schwarzen Holunderbeerbaum), 2 Eßl. Weizenpuder, 60 g Zucker, geriebene Zitronenschale, 3 Eier, etwas Zimtzucker zum Bestreuen.

Zuerst etwa 7/8 der Milch in einem großen Topf aufkochen. Die Holunderdolden an den Stengeln zusammenbinden und an einem Kochlöffel so befestigen, daß nur die Blüten in die Milch eintauchen. Die Holunderblüten 5 Minuten in der Milch mitkochen lassen.
Das Weizenmehl mit der restlichen kalten Milch glattrühren und bereitstellen.
Nun die Holunderblüten aus der Milch nehmen und fortwerfen. Die Milch durch ein feines Sieb gießen und wieder mit dem Zucker und der Zitronenschale aufkochen lassen, dann mit dem Weizenmehl binden.

Eiweiß und Eigelb voneinander trennen, das Eiweiß zu Schnee schlagen. Das Eigelb mit dem Schneebesen schnell unter die heiße Milchsuppe rühren (legieren) und danach auf 4 Teller verteilen.
Schließlich mit Zimtzucker bestreuen und aus Eiweißschaum kleine Schwänchen daraufsetzen.

... und so wird's gemacht !

Braunbiersuppe mit Schneeklüten

Die Stadt Hamburg besitzt eine lange Biertradition. Bereits im 14. Jahrhundert war die Bierbrauerei der wichtigste Wirtschaftszweig, Mitte des 16. Jahrhunderts gab es über 530 Brauereien und über 10 verschiedenen Biersorten.

0,7 Liter Malzbier, 0,7 Liter helles Bier, Saft von 2 Zitronen, geriebene Schale von 1 Zitrone, 130 g Zucker, 1 Messersp. Zimt, 50 g Speisestärke, 1/4 Liter Sahne.

Für die Schneeklüten: 2 Eiweiß, 20 g Puderzucker, 1 Messerspitze Salz, geriebene Schale von 1 Zitrone.

Beide Sorten Bier mit dem Zitronensaft, der geriebenen Zitronenschale, dem Zucker und Zimt in einem Topf aufkochen lassen.

Speisestärke mit der Sahne glattrühren und in das kochende Bier geben, noch 5 Minuten durchkochen.

Für die Schneeklüten das Eiweiß zu Schnee schlagen und gleichzeitig den Puderzucker, das Salz und die Zitronenschale zugeben.

Kurz vor dem Servieren den festgewordenen Schnee als Schneehäubchen auf der Suppe schwimmen lassen.

Fischgerichte

Hamburger Heringssalat

traditionell wird dieser Heringssalat immer zur Jahreswende bereitet. Hier das Originalrezept:

4 Matjesfilets, 1/4 Liter Wasser, 1/4 Liter Milch, 1 kg Kalbfleisch aus der Keule, 200 g Schweinekeule (ohne Knochen), Salz, Pfeffer, 60 g Butter, 200 g Sellerie, 200 g Kartoffeln, 200 g Rote Bete, 4 hartgekochte Eier, 2 große geschälte und entkernte Äpfel, 4 Gewürzgurken, 4 Bismarckheringsfilets, 3 Eßl. Essig 25 %, 3 Eßl. Öl, 1 Eßl. Senf, etwas Schwarzer Pfeffer, 1 Prise Zucker, 1 Eßl. Kapern, 1 großes Bund Petersilie.

Zum Garnieren: 4 Radischen, 1 hartgekochtes Ei (in 4 Viertel schneiden), 4 Gürkchen, etwas Petersilie.

Die gesäuberten Matjesfilets über Nacht in 1/4 Liter Wasser und 1/4 Liter Milch ziehen lassen.
Kalb-und Schweinefleisch mit Salz und Pfeffer würzen und in Butter ringsum goldbraun anbraten. Mit 1/2 Liter Wasser ablöschen und 45 bis 50 Minuten zugedeckt schmoren lassen.

Danach erkalten lassen. Rote Bete, Sellerie und Kartoffeln schälen und in jeweils 3 Töpfen gar kochen.

Anschließend in kleine Würfel schneiden, ebenso die hartgekochten Eier, die Äpfel, Gurken und Heringsfilets sowie das Kalb- und Schweinefleisch.

Aus dem Bratensaft, dem Essig, Öl und Senf eine Marinade anrühren. Mit Pfeffer und Zucker würzen und die Kapern sowie Petersilie zugeben.

Schließlich alles zusammen in eine große Steingutschüssel geben und durchmengen, mit Folie gut abdecken und 3-4 Stunden stehenlassen.

Vor dem Servieren nochmals kräftig vermengen und mit gekochten Eiervierteln, Gürkchen und Petersilie garnieren.

Hering

Eingelegter Brathering

Für 6 Personen: 12 große grüne Heringe (geputzt und ausgenommen), 1 gestrichener Eßl. Salz, 1 Messersp. gemahlener Schwarzer Pfeffer, 300 g Mehl, 1/4 Liter Öl.

Für die Marinade: 5 dicke Zwiebeln, 3-4 Lorbeerblätter, 2 Eßl. Senfkörner, 1 Teel. gestoßener Schwarzer Pfeffer, 1 Messersp. Piment, 1 Eßl. Zucker, 1 Bund Dill (Zweige und Kraut gesondert), 1/2 Liter Weißwein, 4 cl Essigessenz 80%, 1/2 Liter Fleischbrühe.

Die küchenfertigen Heringe von innen und außen mit Salz und Pfeffer einreiben. Anschließend im Mehl wenden, das überschüssige Mehl abklopfen und die Heringe in heißem Öl (wegen des besseren Geschmacks am besten in einer Eisenpfanne) von allen Seiten goldbraun braten.

Die fertig gebratenen Heringe in einen Steintopf oder eine Porzellanschüssel geben. Dann die in Scheiben geschnittenen Zwiebeln mit den Lorbeerblättern, Senfkörnern, dem gestoßenen Pfeffer, Piment und dem Zucker sowie den Dillstängeln in derselben noch heißen Pfanne kurz anschwitzen. Den Weißwein, Essig und die Brühe aufgießen,

einmal aufkochen und über die Heringe im Steintopf gießen, erkalten lassen. Topf oder Schüssel mit Folie abdek-
ken und 2 - 3 Tage kühl stellen.

Die Dillstengel durch die feinen Dillkräuter ersetzen. Dazu
pflegt man in Hamburg stets Bratkartoffeln und einen frischen Gurkensalat zu reichen.

Fischfang Anfang 19. Jahrhundert

Elbe mit Hamburg-Altona um 1840

Neue Matjesfilets mit Schneidebohnen und Speckstippe

300 g neue Kartoffeln, 1 Teel. Kümmel, 1 Prise Salz, 250 g Schneidebohnen, 1 Speckschwarte, 1 Zweig Bohnenkraut, Salz, Zucker, 1 Eßl. feingewürfelter Speck, 1 Teel. feingewürfelte Zwiebeln, 1 Bund Bohnenkraut, etwas Pfeffer, 50 g feingewürfelter Speck, 20 g feingewürfelte Zwiebeln, 1 Bund Petersilie, 4 - 6 Matjesfilets, 1 rote Zwiebel.

Neue Kartoffeln nur mit einem Metallschwamm abbürsten und waschen. Dann in Salzwasser mit Kümmel kochen. Anschließend Schneidebohnen waschen, putzen und in feine schräge Streifen schneiden. Mit einer Speckschwarte und einem Zweig frischem Bohnenkraut in Salzwasser kochen. Die Bohnen sollten noch „Biß" haben!
Um eine schöne grüne Farbe zu erhalten, die Bohnen mit einer Schaumkelle in geeistem Wasser mit Salz und Zucker abschrecken. Vor dem Servieren in ausgelassenem Speck und einem Teelöffel feingehackter Zwiebeln und reichlich Bohnenkraut anschwenken, dann mit etwas Bohnenfond vom Blanchieren erhitzen. Mit Salz, Zucker und Pfeffer nachschmecken.

Für die Speckstippe feine Speck- und Zwiebelwürfel anbraten, etwas Petersilie zugeben und die Speckstippe noch
sprudelnd heiß servieren.
Schließlich die Matjesfilets auf gestoßenem Eis mit roten
Zwiebelringen servieren. Dazu die neuen Kartoffeln mit
den Schneidebohnen und der Speckstippe reichen.

a Kombüse   *d Maschinen- u. Kesselraum*   *i Faßräume*
b Stauraum   *e Bunker*   *k Logis für 18 Mann*
c Kajüte   *f Reepraum*   *1 Frischwassertank*
              g Netzraum
              h Fischraum für frische Fische

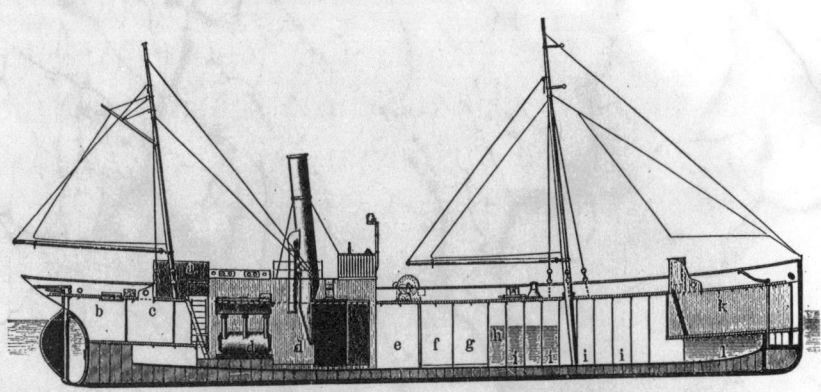

Heringsdampfer Ende 19. Jahrhundert

Kaviar auf Buchweizen-pfannküchlein

Für den Teig: 350 g Buchweizenmehl, 1/4 Liter Milch, 3 Eier (Eiweiß und Eigelb getrennt), 1 Prise Salz, 1 Messerspitze Zucker, 1/4 Liter Pflanzenöl.

Für den Belag: 200 g Crème Fraîche, 200 g Kaviar, 1 Bund Radischen, etwas Dill.

Aus dem Buchweizenmehl und der Milch sowie dem Eigelb, Salz und Zucker mit einem feinen Schneebesen den Pfannkuchenteig rühren und diesen etwa 20 Minuten ruhen lassen.

Dann eine große Eisenpfanne mit dem Pflanzenöl heiß werden lassen, das Eiweiß zu Schnee schlagen und diesen unter den Pfannkuchenteig rühren.

Dann löffelweise in die Pfanne geben und von beiden Seiten goldbraun backen. Die Pfannküchlein auf Küchenkreppapier legen und hiermit vom überflüssigem Fett befreien.

Schließlich auf Teller verteilen, jeweils etwas Crème fraîche
darübergeben und zum Schluß den Kaviar.
Garniert wird mit Radischen und Dill oder auch Schnittlauch.

Buchweizen

Mutter und Kind

so bezeichneten die alten Hamburger eine Zwischenmahlzeit, bestehend aus geräuchertem Störfilet und seinem Kaviar. Es stammt aus einer Zeit, in welcher der Stör noch preiswert war und in großen Mengen gefangen werden konnte. Es heißt, daß es noch um die Jahrhundertwende so große Fänge an Stör gab, daß die Hausangestellten der hanseatischen Kaufleute bei der Einstellung darum bitten mußten, nicht jeden Tag Stör verzehren zu müssen. Hier die Zubereitung:

Für 4 Personen: 4 Scheiben Toast, 4 Filetscheiben vom geräucherten Stör à 120 g, 100 g Kaviar (heute russ. Beluga Malussol oder pers. Imperial), 4 hartgekochte Eier, 4 Eßl. Crème fraîche.

Die Toastscheiben jeweils mit Butter bestreichen, die Störfilets darauflegen, dann den Kaviar darübergeben. Die Eier hart kochen. Eigelb vom Eiweiß trennen und fein würfeln, danach links und rechts neben dem Toast garnieren und Crème fraîche dazu servieren.

Stör

42

Fischer bei der Strandung eines Ewers um 1880

Blankeneser Schellfischcocktail

dazu gehören natürlich auch Krabben - serviert wird mit Eisberg-, Chicorée- und Feldsalat.

Für 4 Personen: 3 l Wasser, 1 Kaffeetasse Essigessenz 25%, 1 Spickzwiebel, 3 Eßl. Salz, 1 Eßl. Zucker, 1 Schellfisch à 1kg (ohne Kopf, geschuppt und ausgenommen), 1 große feingewürfelte Zwiebel, 1 Eßl. Petersilie, 1 Eßl. Schnittlauch, 1 Eßl. Dill, 1 Kaffeetasse Salatoel, 1/2 Kaffeetasse Schellfischsud, 1 Eßlöffel Essigessenz 25 %, Salz, Zucker, Pfeffer, 100 g Krabben, Eisberg-, Chicorée- und Feldsalat, 4 Radischen, 1 gekochtes Ei, 100 g Kaviar.

Zunächst einen Kochsud herstellen aus dem Wasser, Essig, der Spickzwiebel, Salz und Zucker, einmal aufkochen lassen und dann den Fisch auf halber Flamme 12 - 15 Minuten garen, aus dem Sud nehmen und abkühlen lassen. Gleichzeitig Zwiebeln, Petersilie, Schnittlauch und Dill mit dem Salatöl, Essig und Schellfischsud verrühren, mit Salz, Zucker und etwas Pfeffer abschmecken.
Den noch nicht ganz abgekühlten Schellfisch von Haut und Gräten befreien und das Filet in „Flocken" zerlegen (gekochter Schellfisch besitzt flockenähnliches Filetfleisch).

Schließlich die Soße und die Krabben dazugeben und miteinander locker vermengen.

Diesen Schellfischcocktail auf Eisbergsalatstreifen, mit Chicoréeblättern und Feldsalat, jeweils einem Radischen, einer gekochten Eierscheibe und etwas Kaviar dekorieren. Auf großen weißen Tellern anrichten.

Schellfisch

Holsteiner Aal

2 frische Aale (je 650 - 700 g, abgezogen, ausgenommen und in 4 - 5 cm große Stücke geschnitten), Saft von 1 Zitrone, Salz, Mehl, 1 Tasse Salatöl, 250 g Butter, 3 Zitronen.

Für den Salat: 2 Salatgurken, 3 Eßl. Öl, 4 Eßl. gehackter Dill, 2 Eßl. Salz, 3 Eßl. Zucker, 1 Tasse Essig 25 %.

Zunächst die Aalstücke mit Zitronensaft und Salz marinieren. Dann im Mehl wenden, abklopfen und in einer großen Pfanne in heißem Öl anbraten bis sie leicht Farbe nehmen.

Anschließend das Fett weggießen, jetzt die Butter scheibenweise in die Pfanne geben und darauf achten, daß beim Weiterbraten die Butter und der Aal nicht zu dunkel werden, etwa 3 Minuten von allen Seiten goldbraun braten. Zum Schluß noch die Zitronenscheiben mit in die Pfanne geben und mit den Aalstücken einmal wenden. Auf einer vorgewärmten Platte den Aal mit den Zitronenscheiben, der Bratenbutter und frisch gehackter Petersilie servieren. Dazu Salzkartoffeln, einen Gurkensalat und ein frisch gezapftes Pils reichen. Die Salatgurken schälen und in dünne (1 mm) Scheiben schneiden. In der Salatschüssel den Essig mit dem Öl, Dill, Salz und Zucker verrühren, die Gurkenscheiben zugeben und eine Stunde ruhen lassen. Nochmals nachschmecken. In Hamburg pflegt man Salatsoßen immer ein wenig süß abschmecken.

Aal in Dillgelee

dazu gibt's in Schweineschmalz gebratene Kartoffeln mit Speckzwiebeln und Petersilie.

Für den Kochfond: etwa 2 Liter Wasser, 0,7 Liter Riesling, 3 Eßl. Senfkörner, 1 Spickzwiebel (1 Lorbeerblatt, 2 Nelken), 1 Eßl. Salz, 2 Eßl. Zucker, 8 cl Essigessenz 80 %.

1 kg frischer Aal, bereits abgezogen (3 Aale à 600 g brutto), 34 Blatt Gelantine, 1/4 Liter Wasser, Salz, Zucker, 1 großer Bund Dill à 250 g (Stengel und Kraut getrennt).

Die genannten Zutaten, jedoch ohne Aal und Dill, in einen Topf geben und 10 Minuten kochen, dann durch ein feines Sieb in einen anderen Topf gießen und nochmals aufkochen . Den Aal in 6 cm große Stücke schneiden, in den Sud geben und 12-15 Minuten ziehen lassen.
Die Gelantine in etwas kaltem Wasser einweichen, dann in den Sud rühren. Mit Salz und Zucker abschmecken und in ein tiefes Blech oder eine Glasschüssel gießen.
Sobald der Geleefond kalt wird, die gehackten Dillkräuter unterrühren und kalt stellen .

Aal

Hamburger Pannfisch

an der Küste war Pannfisch meist ein Resteessen. Es bestand aus übrig gebliebenem gekochten Fisch und gekochten Kartoffeln, was sich in der Bratpfanne erneut zu einem schmackhaften Gericht bereiten ließ. Dazu gehörte meist eine Senfsoße. Pannfisch ist inzwischen ein Traditionsessen geworden, welches heute in vielen Hamburger Restaurants jedoch frisch zubereitet wird.

Für den Fisch: 2 kg Schellfisch, Steinbutt oder auch Heilbutt, 5 Liter Wasser, 1/4 Liter Essig, 2 Eßl. Salz, 1 Eßl. Zucker, 1 Spickzwiebel (Lorbeerblatt, 2 Nelken), 1 kleine Zwiebel.

Für die Senfsoße: 200 g Butter, 280 g Mehl, 1/2 Tasse vom Fischsud, 1/4 Liter Sahne, 350 g scharfer Senf.

Für die Kartoffeln: 1,3 kg gekochte Kartoffeln, 80 g Schweineschmalz, 1 in Scheiben geschnittene Zwiebel, Salz, Pfeffer, Petersilie, Radischen .

Den vorbereiteten bereits ausgenommenen Fisch in einem Topf mit dem Wasser, Essig, Salz und Zucker sowie der Spickzwiebel kochen.
Nun bereitet man zweckmäßigerweise die Senfsoße vor. Dazu Butter und Mehl in eine Pfanne geben und eine helle

Mehlschwitze herstellen. Sobald diese klümpchenfrei ver-
rührt ist und leicht aufschäumt, ein wenig Fischsud und
dann die Sahne hineinrühren. Zum Schluß den Senf unterrühren und nochmals aufkochen lassen. Je nach Bindung
und Geschmack der Soße eventuell etwas mehr Senf oder
Fischsud zugeben.

Jetzt die bereits gekochten Kartoffeln in Scheiben schneiden und in einer Eisenpfanne mit den Zwiebeln in Schmalz
braten. Den gekochten Fisch filetieren und in mundgerechte
Stücke zu den Bratkartoffeln in die Mitte der Pfanne geben. Die Hälfte der vorbereiteten Senfsoße über den Fisch
gießen und zu Ende braten.
Mit der verbliebenen Senfsoße auf vorgewärmten Tellern
servieren und mit Petersilie und Radischen garnieren.

*Viele Köche bevorzugen zum besseren Braten
und wegen des Geschmacks Pfannen aus Eisen*

Kutterscholle „Finkenwerder"

4 Schollen à 450 - 500 g (küchenfertig, ohne Kopf), Salz, Saft von 1 Zitrone, 150 g Mehl, 250 g Butter, 250 g magerer in dünne Streifen geschnittener Rauchspeck, 40 g Büsumer Krabben.

Zuerst die Schollen salzen, mit dem Zitronensaft beträufeln und von beiden Seiten mehlen. Mehl abschütteln und die Schollen in Butter von beiden Seiten goldbraun anbraten. Sodann den Speck mit in die Pfanne geben und unter Wenden der Schollen ausbraten.

Die Schollen auf vorgewärmten Tellern mit dem abgesiebten Speck und Speckkartoffelsalat mit Petersilie servieren. Feinschmecker bevorzugen außerdem noch im Speck angebratene frische Krabben.

Kutter

Frische Maischolle

besonders in Hamburg freut man sich jedes Jahr im Mai erneut auf die jungen, frisch angelandeten Maischollen. In manchen Jahren sind die Fänge besonders gut und es gibt Maischollen „satt" - satt essen sich dann auch viele Hamburger. Es soll Gäste gegeben haben, die während einer Mahlzeit bis zu 10 Stück davon verzehrt haben! Allerdings sind Maischollen sehr klein und wiegen zwischen 180 und 240 Gramm. Kenner schätzen ihren feinen Geschmack und das Maischollenessen ist immer mehr zur Tradition geworden. Um den zarten, feinen Geschmack zu erhalten, werden Sie immer nur in Butter gebraten und mit Petersilie serviert. Auch sollten sie immer frisch gegessen und daher immer frisch nachgebraten werden.

Scholle

Gefüllte Schollenfilets im Speckmantel gebraten

Die Füllung aus einem würzigen Krabbenkartoffelmus ist der Clou dieses Gerichts. Dazu gehören Rahmweinkraut und kernlose Weintrauben .

Für 4 Personen: 4 mittelgroße Pellkartoffeln (gekocht und gepellt), 1 Eßl. ausgelassene Butter, 1 Eigelb, 100 g Krabben, 1 Eßl. gehackter Dill, 1 Eßlöffel gehackte Petersilie, 1 Messersp. Muskat, Salz, Pfeffer, 8 langgeschnittene Rauchspeckscheiben (2 mm dick), 8 Filets von 2 großen Schollen, 100 g blaue entkernte Weintrauben, 100 g grüne entkernte Weintrauben, 500 g Weinsauerkraut, 1/4 Liter Sahne.

Die fertigen Pellkartoffeln stampfen, und mit der Butter, dem Eigelb, Krabben, Dill, Petersilie, Muskat, Salz und Pfeffer vermengen.
Nun auf einer Arbeitsplatte die Rauchspeckscheiben nebeneinander auslegen, die Schollenfilets auf die Speckscheiben geben und dann das Krabbenkartoffelmus jeweils darauf verteilen.

Sodann die Speckscheiben mit den Filets jeweils einzeln zusammenrollen und mit Holzspießchen fixieren.

Schließlich die Rouladen auf ein gebuttertes Ofenblech setzen und im vorgeheizten Ofen etwa 15 Minuten bei 220 bis 230 Grad backen. Nach 10 Minuten die Weintrauben auf das Blech zu den Rouladen geben und mitbacken.

Das Weinsauerkraut mit der Sahne etwa 15 Minuten einkochen. Die Schollenfilets im Speckmantel mit den Trauben und dem Rahmsauerkraut servieren.

Wattfischer

Babysteinbutt nach Marktfrauenart

1 Stange Lauch, 250 g Möhren, 1 Stange Staudensellerie, 100 g Butter, 4 junge Steinbutte (ca. 1 kg brutto, küchenfertig), Salz, 1 Lorbeerblatt, 1 Zweig Dillkraut, 1 Bund Petersilie, 1/2 Liter Weißwein.

Das Garen der Fische geschieht am besten auf einem einfachen Ofenblech im Backofen.

Zunächst sämtliche Gemüse putzen, waschen und in Scheiben schneiden. Die Butter auf dem Ofenblech zerlassen und das Gemüse darauf anbraten.

Die Fische leicht einsalzen und zu dem Gemüse auf das Blech legen. Lorbeerblatt, Dill, Petersilie und schließlich den Weißwein darübergeben, dann mit Alufolie abdecken und im vorgeheizten Ofen bei 230 Grad 30 - 35 Minuten garen. Serviert wird auf großen Tellern jeweils 1 Steinbutt mit dem geschmorten Gemüse und Butterkartoffeln.

Gasbratofen um 1900

Warmer Speckkartoffelsalat

wird in Hamburg zu Seezunge, Steinbutt, Scholle ... bis hin zur Kochwurst gegessen.

1 kg festkochende Kartoffeln, 200 g magerer Rauchspeck, 1 dicke Zwiebel, 2 Eßlöffel scharfer Senf, 2 dl Essigessenz 25 %, 1 Eßlöffel Zucker, 1/2 Liter Rinderbrühe, Salz, Pfeffer, 1 Bund gehackte Petersilie.

Zunächst die Kartoffeln kochen, pellen und möglichst in 2 mm dünne Scheiben schneiden.
Den Rauchspeck und die Zwiebel würfeln und in einer Eisenpfanne den Speck zuerst kross ausbraten, dann die Zwiebeln hineingeben und glasig braten.

Jetzt den Senf, Essig, Zucker und die Rinderbrühe, sowie Salz und Pfeffer hinzugeben. Alles zum Kochen bringen und über die Kartoffelscheiben gießen, nochmals kurz aufkochen. Die gehackte Petersilie unterheben und über Nacht zugedeckt ziehen lassen.
Je nach Wirkung des Essigs eventuell mit Zucker nachschmecken.

Lachsfilet in Blätterteig

für diese Zubereitung sollten Sie keinen Zuchtlachs verwenden. Wilder Lachs schmeckt besser und hat meist auch weniger Fett. Man erkennt ihn an seiner blasseren Rotfärbung.

Für 4 - 6 Personen: 1 Lachsfilet (800 - 1000 g, ohne Haut, ohne Gräten).

Zum Marinieren: Saft einer Zitrone, 1 Bund Dill, 1 Bund Petersilie, 1 Bund Kerbel, 1 Bund Estragon, Salz, Pfeffer, Zucker.

Zum Backen: 200 g Butter, 800 g Blätterteig (tiefkühl oder frisch vom Bäcker), 2 Eigelb mit 2 Eßl. Wasser verrrühren.

Kräutercreme: 200 g Quark, 150 g geschlagene Sahne.

Zunächst das Lachsfilet von beiden Seiten mit dem Zitronensaft beträufeln. Sämtliche angegebenen Kräuter feinhacken, mit Salz, Pfeffer und ganz wenig Zucker mischen und mit der halben Menge der Mischung das Lachsfilet einreiben. 1/2 Stunde ziehenlassen.

Die marinierten Filets nun mit Butter in einer heißen Pfanne von beiden Seiten kurz anbraten. Danach auf ein Gitter zum Abkühlen legen.

Den fertigen Blätterteig ausrollen. Das Lachsfilet darauflegen, die überstehenden Teigenden mit Eigelb bestreichen
und einschlagen. Eventuell mit den übriggebliebenen Teig-
stückchen dekorieren und ebenso mit Eigelb bestreichen.

Nun den Lachs im Teig etwa 25 Minuten im vorgeheizten
Ofen bei 200 Grad backen.
In der Zwischenzeit die geschlagene Sahne mit der ver-
bliebenen 2. Hälfte der Kräutermischung und dem Zitro-
nensaft locker unter den Quark heben.
Zum Schluß den Lachs im Blätterteig in 8 - 10 cm große
Stücke schneiden und mit der soeben angerührten Kräuter-
creme servieren.

Lachs oder Salm

Hamburger Labskaus

ein altes Seemannsgericht, das dem Verlangen der Seeleute nach einem Essen, welches nicht gekaut zu werden
brauchte, entsprach. Labskaus ist ein würziger Brei aus
durch den Fleischwolf gedrehtem Pökelfleisch, Kartoffeln,
Rote Bete, Hering, Zwiebeln und Gurken, wobei der Einfachheit halber bei diesem Rezept gleich alles hintereinan-
der durchgedreht und anschließend gekocht wird.
Die naturgemäß spartanische Garnierung konnte sich bis
zum Admiralslabskaus steigern.

*Grundzutaten für das Labskaus: 1,5 kg gepökeltes Rind-
fleisch, 2 kg geschälte Kartoffeln, 1,5 kg geschälte Rote
Bete, 3-4 dicke geschälte Zwiebeln, 4 Essiggurken,
8 Matjesfilets.*

*Für das Kochwasser der Roten Bete: 1 Prise Salz, 500 g
Zucker, 1 Lorbeerblatt, 2 Nelken.*

*Zum Garen des Labskaus: 300 g Schweineschmalz, etwas
Kochfond vom Pökelfleisch, etwas Gurkensaft, Salz,
Pfeffer.*

*Zum Garnieren: 8 Matjesfilets, 8 Spiegeleier, 8 Scheiben
Rote Bete, 4 längsgeschnittene Salzgurken.*

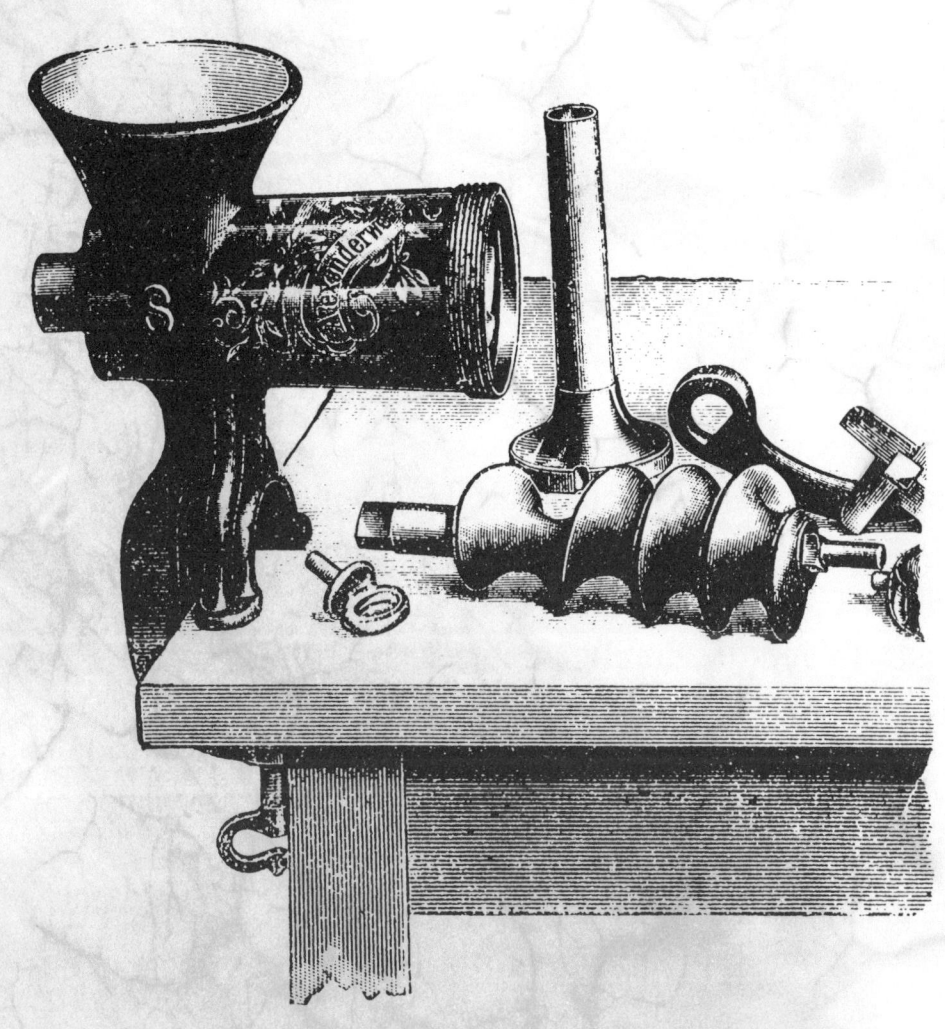

Fleischhackmaschine

Pökelfleisch, Kartoffeln und Rote Bete jeweils separat weich kochen, wobei man mit dem Pökelfleisch, weil es am längsten braucht, beginnt. Dem Kochwasser des Pökelfleisches brauchen keine Gewürze zugesetzt werden. Dem Wasser für die Rote Bete jedoch werden die angegebenen Mengen Salz, Zucker, Lorbeer und Nelken zugegeben.

Inzwischen die Zwiebeln, Gurken und gleich anschließend das fertig gekochte Pökelfleisch durch den Fleischwolf (grobe Scheibe) drehen. Dann können der Einfachheit halber gleich die Kartoffeln, Roten Bete und zum Schluß 8 Matjesfilets folgen.

Jetzt kommt alles in einen großen Topf, wobei zuerst das Pökelfleisch im heißen Schmalz mit den Zwiebeln und Gurken angeschwitzt wird.

Dann folgen die durchgedrehte Kartoffelmasse sowie die durchgedrehten Roten Bete und Matjesfilets und unter vorsichtigem Rühren wird je nach Geschmack noch ein wenig vom Kochfond des Pökelfleisches, etwas Gurkensaft, Salz und Pfeffer zugegeben.

Labskaus sollte eine grobbreiige Konsistenz haben und immer einen Tag vorher gekocht werden - so schmeckt es am besten!

Garniert wird mit Matjesfilets, Spiegeleiern, mit Roten Beten und Salzgurken.

Admiralslabskaus

Pro Person: 1 Kartoffelreibekuchen, 150 g fertiges Labskaus, 1 Wachtel- oder Möwenspiegelei, 25 g Imperial Kaviar, 1 Eßl. Crème fraîche, 1 Eßl. gewürfelte Rote Bete, 1 Eßl. gewürfelte Salzgurken, 1 Radischen, 1 Dillzweig.

Reibekuchen nach bekanntem Rezept zubereiten, Labskaus erhitzen und auf die Reibekuchen geben.
Dann jeweils die Hälfte der Reibekuchen mit einem Wachtel- oder Möwenei und dem Kaviar belegen.
Darauf achten, daß die Farben schön zur Geltung kommen, das Goldbraun der Reibekuchen, das Rosa vom Labskaus, das Gelbweiß des Spiegeleies und das Schwarzgrau des Kaviars. Garnieren mit einem Klacks Crème fraîche, Rote Bete- und Gurkenwürfeln, Radischen und Dill.

Admiralshaus in Blankenese.

61

Hamburger Hafen um 1890

Hamburger Hummerragout nach Kaufmannsart

600 g Kalbsschweser (Bries), 2 Liter Wasser, 1/4 Liter Essig.

Kochfond für den Schweser: 1/2 Liter Wasser, 1/4 Liter trockener Weißwein, 1 Eßl. Salz, 2 Pfefferkörner, 1 Spickzwiebel (Lorbeer, 2 Nelken).

Kochfond für den Hummer: 5-7 Liter Wasser, 1 Kaffeetasse Kümmel, 1 Dillzweig, 1 Kaffeetasse Salz, 2 Eßl. Zucker, 2 große Hummer à 800 - 900 g (Norweger).

Für die Soße: 40 g Mehl, 50 g Hummerbutter, 2 Tassen vom Schwesersud, 1 Tasse Crème double.

Beilagen: 500 g Basmati-Reis, 150 g frische in Scheiben geschnittene Champignons, 20 g Trüffel (frisch oder aus der Dose), 1 kleiner Dill- oder Kerbelzweig.

Zunächst zum Einlegen des Kalbsschwesers eine Beize mit dem Wasser und dem Essig ansetzen und den Schweser etwa 2 Stunden darin ziehen lasssen.

Inzwischen den Kochsud in einem anderen Topf ansetzen aus dem Wasser, Weißwein, Salz und Pfeffer sowie der Spickzwiebel. Den Schweser vorher abspülen und 35 Mi-

nuten darin kochen. Dann in kaltem Salzwasser abschrek-
ken, von Haut, Fett und Blutgerinseln befreien und in mundgerechte Stücke schneiden.

Nun den Kochsud für die Hummer herstellen und das Wasser mit dem Kümmel, Dillzweig, Salz und Zucker zum
Kochen bringen. Die Hummer rücklings mit den Köpfen
nach unten in das kochende Wasser geben und 20 Minuten
sprudelnd kochen, danach noch 35 - 40 Minuten im leicht
köchelnden Sud ziehen lassen, damit das Fleisch das Aro-
ma des Kochsuds aufnehmen kann.

Hanseatischer Kaufmann, 18. Jahrhundert

Hummer nie gleich nach dem Kochen „aufschlagen", das Fleisch wird trocken und schmeckt nicht gut!

Für die Hummersoße nun das Mehl in der zerlassenen Hummerbutter verrühren und heiß werden lassen bis es aufschäumt, dann den Kochsud vom Kalbsschweser zugießen und die Crème double hineinrühren. Die Hummersoße glattrühren.

Jetzt die Hummer aus dem kaltgewordenen Kochsud nehmen und in der Mitte mit einem scharfen Messer längs zerteilen. Dazu das Messer zwei Finger breit hinter den Augen ansetzen und bis zum Schwanzende mit beiden Händen herunterdrücken. Darauf achten, daß der Schwanz nicht mehr zusammengerollt ist und flach auf dem Schneidebrett liegt.

Mit dem Messerrücken die Kanten der Hummerscheren rundum anschlagen, durchbrechen und das Fleisch entnehmen. Es wird zum Garnieren verwendet und sollte daher ganz bleiben. Dann das Schwanzfleisch vom Dorn befreien und in mundgerechte Würfel schneiden.

In der Zwischenzeit den Basmatireis kochen und in Kaffeetassen noch heiß abfüllen, dann auf große vorgewärmte Teller stürzen.

Schließlich das bereits ausgelöste Hummerfleisch mit den Schweserstückchen und Champignonscheiben in die Hummersoße geben, einmal aufkochen lassen und auf die Teller mit den Reißtimbals verteilen.

Mit dem Hummerscherenfleisch, den Trüffelscheiben und dem Dill garnieren.

Karpfen hamburgisch

Für 2 Personen: 1 Karpfen à 1,3 - 1,5 kg (küchenfertig und längs halbiert ohne Beschädigung der äußeren Schleimhaut), 2 Liter Wasser, 2 Eßlöffel Salz, 1/4 Liter Essig 25 %, 1 Spickzwiebel, Butter, Petersilienkartoffeln.

Für den Sahnemeerrettich: 250 g geschlagene Sahne, 40 g frisch geriebener Meerrettich, 1 Teel. Zitronensaft, 1 Teel. Zucker, Salz.

Die Karpfenhälften jeweils schräg in der Mitte nochmals durchschneiden, vom Blut befreien und abspülen.
In einem Fischtopf das Wasser mit dem Salz, Essig und der Spickzwiebel zum Kochen bringen und zuerst die Kopfstücke 10 - 12 Minuten darin ziehen lassen. (Die Schwanzstücke werden im 2. Gang mit den neuen Beilagen etwa 15 Min. später serviert).

Karpfen

In der Zwischenzeit für den Sahnemeerrettich sämtliche Zutaten miteinander locker verrühren.

Der gegarte Fisch wird dann jeweils auf einem weißen Tuch serviert. Dazu gibt es Petersilienkartoffeln, zerlassene Butter und Sahnemeerrettich.

Gemüse- und Fleischgerichte

Grünkohl hamburgisch

mit Schweinebacke, Kochwürsten, Kassler und Vierländer Entenkeulen. Dazu reicht man kleine Pellkartoffeln, die noch in Schmalz und Zucker goldbraun glasiert werden. Vorzüglich !

4 kg Grünkohl, 2 Liter Wasser, Salz, 4 frische Entenkeulen, 1 große Schweinebacke (leicht geräuchert), 800 g Kassler, 1 dicke gewürfelte Zwiebel, 100 g Haferflocken, etwas Senf, 4 Kochwürste.

Zunächst den Grünkohl gut waschen und von den Strünken befreien. Sodann zum Blanchieren in einen großen Topf mit reichlich kochendem Salzwasser geben, in Eiswasser abschrecken, ausdrücken und in 3 cm große Stücke schneiden.

Gleichzeitig die Entenkeulen im Backofen etwa 15 Minuten bei 250 Grad vorbraten. Das Entenfett für den Zwiebelansatz aufheben.

Zuerst einmal die Ecken der Schweinebacken abschneiden und diese zusammen mit dem Kassler in ungesalzenem Wasser gar kochen. Die Schweinebackenstücke dann würfeln und mit den Zwiebelwürfeln im Entenfett anbraten. Die verbliebene Schweinebacke aufbewahren zum Abdecken des Kohls. Nun den kleingeschnittenen Grünkohl hineingeben, mit dreiviertel des Kasslerfonds aufgießen, zum Schluß die rohe Schweinebacke oben auflegen und das Ganze im Backofen bei 240 Grad für 1 Stunde garen lassen.

Für die letzten 10 Minuten noch die Haferflocken und den Senf hinzufügen, alles nochmals durchrühren und anstelle der Schweinebacke jetzt mit den Kochwürsten fertig garen. Die Entenkeulen gleichzeitig 10 Minuten im Ofen ausbraten.

Die Schweinebacke und das Kassler in Scheiben schneiden, mit den Entenkeulen und den glasierten Kartoffeln servieren.

Grünkohl

Plumen un Klüten

auf hochdeutsch Pflaumen und Klöße, wobei der Rauchspeck natürlich nicht fehlen darf.

450 g Backpflaumen, kernlos, 1 Kaffeetasse Weinessig 5 %, 600 g Rauchspeck (mit Schwarte, jedoch ohne Knorpel), etwa 2 Liter Wasser, 1 Eßl. Zucker, 2 Eßl. Speisestärke (Mondamin), 1 Zweig Blattpetersilie.

Für die Klüten: 1/4 Liter Milch, 25 g Butter, 1 Messersp. Salz, 1 Messersp. Zucker, 1 Prise Muskat, 130 g Mehl, 2 Eier.

Zuerst die Backpflaumen ohne Kerne etwa 1/2 Stunde in Essig einlegen. In der Zwischenzeit den Rauchspeck in einem Topf mit Wasser 1/2 Stunde kochen.

Dann die Backpflaumen mit dem Essig sowie dem Zucker dazugeben und 10 Minuten köcheln lassen. Die Speisestärke in etwas Wasser glattrühren und den Kochsud damit abbinden.

Für die Klüten nun die Milch zum Kochen bringen, Butter, Salz, Muskat und Zucker zugeben und, sobald die Butter geschmolzen ist, das Mehl zufügen. Sodann mit einem Holzlöffel solange umrühren bis sich die jetzt fester werdende Masse vom Topfboden löst. Den Teig erkalten lassen. Danach die Eier unterrühren, mit einem Teelöffel

Klüten ausstechen und in kochendem Salzwasser etwa 5 Minuten ziehen lassen.

Schließlich den Rauchspeck aus dem Topf nehmen, in Scheiben schneiden und zu den Klüten servieren. Mit der Pflaumenspecksoße übergießen und mit Blattpetersilie garnieren.

Pflaumen

Lüneburger Stangenspargel

1 1/2 - 2 kg frischer Stangenspargel, 5 Liter Wasser, 3 Eßl. Salz, 1 Eßl. Zucker, 800 - 1.000 g neue, mit einem Eßl. Kümmel gekochte Kartoffeln, 150 g Butter, 400 - 600 g Holsteiner Katenschinken, geschnitten in Scheiben à 100 g.

Vom Spargel am unteren Ende etwa 1 cm abschneiden und der Dicke nach bündeln, damit alle Spargelstangen den gleichen „Biß" haben.

Die Spargelbunde in reichlich kochendem Wasser mit dem Salz und Zucker etwa 10 Minuten je nach Stangendicke garen.

Die Spargelstangen auf eine weiße Stoffserviette legen, die Fäden wegschneiden und den Spargel mit einer Kelle Spargelsud übergießen, dann die Serviettenenden darüberschlagen.

Dazu den dick geschnittenen Katenschinken, der mild im Geschmack sein sollte, die neue Kartoffeln und heiße zerlassene Butter reichen.

Statt des Katenschinkens paßt auch gut ein Kalbssteak .

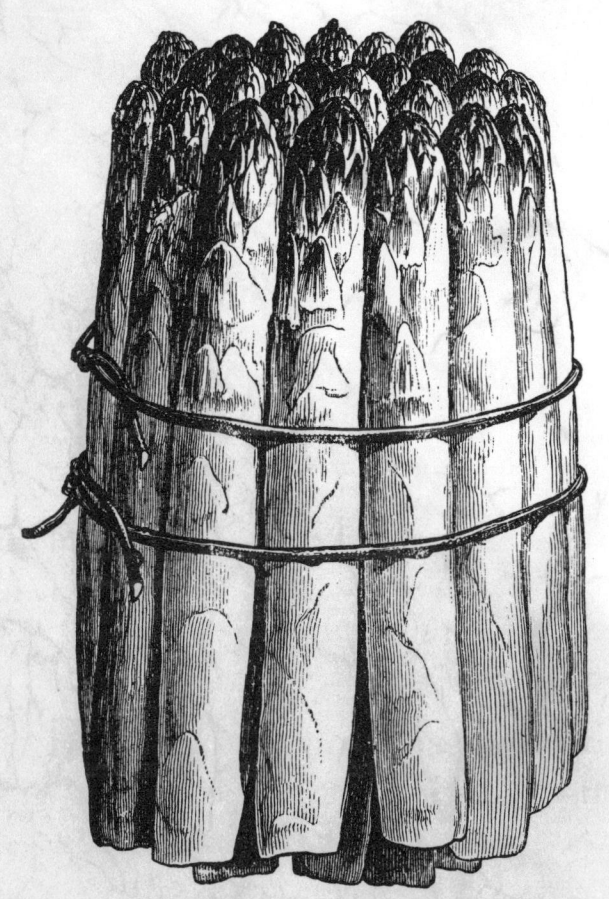

Spargel

Gestovter Spargel mit gebratenem Lachsfilet

ist jene Zubereitung, bei der der Spargel in einer Mehlsoße gebunden wird.

100 g Mehl, 130 g Butter, 1 1/2 Liter vom Spargelsud, 1 - 1 1/2 kg frischer Spargel, 1/2 Liter Sahne.

Den Spargel wie vorher beschrieben kochen und in 2 cm große Stücke schneiden, die Spargelspitzen zum Garnieren etwas länger lassen.

In einem Topf aus dem Mehl und der Butter eine helle Mehlschwitze bereiten, den Spargelsud aufgießen, mit einem Schneebesen glattrühren und wieder zum Kochen bringen. Den Spargel zugeben.

Das Eigelb mit der Sahne verrühren und unter das Spargelgemüse heben, nun nicht mehr kochen lassen.

Zum gestovten Spargel werden neben neuen Kartoffeln alternativ gebratenes Lachsfilet, Schinkenwürfel, Krebsschwänze, Räucheraal, Steinbutt oder auch Zander gereicht .

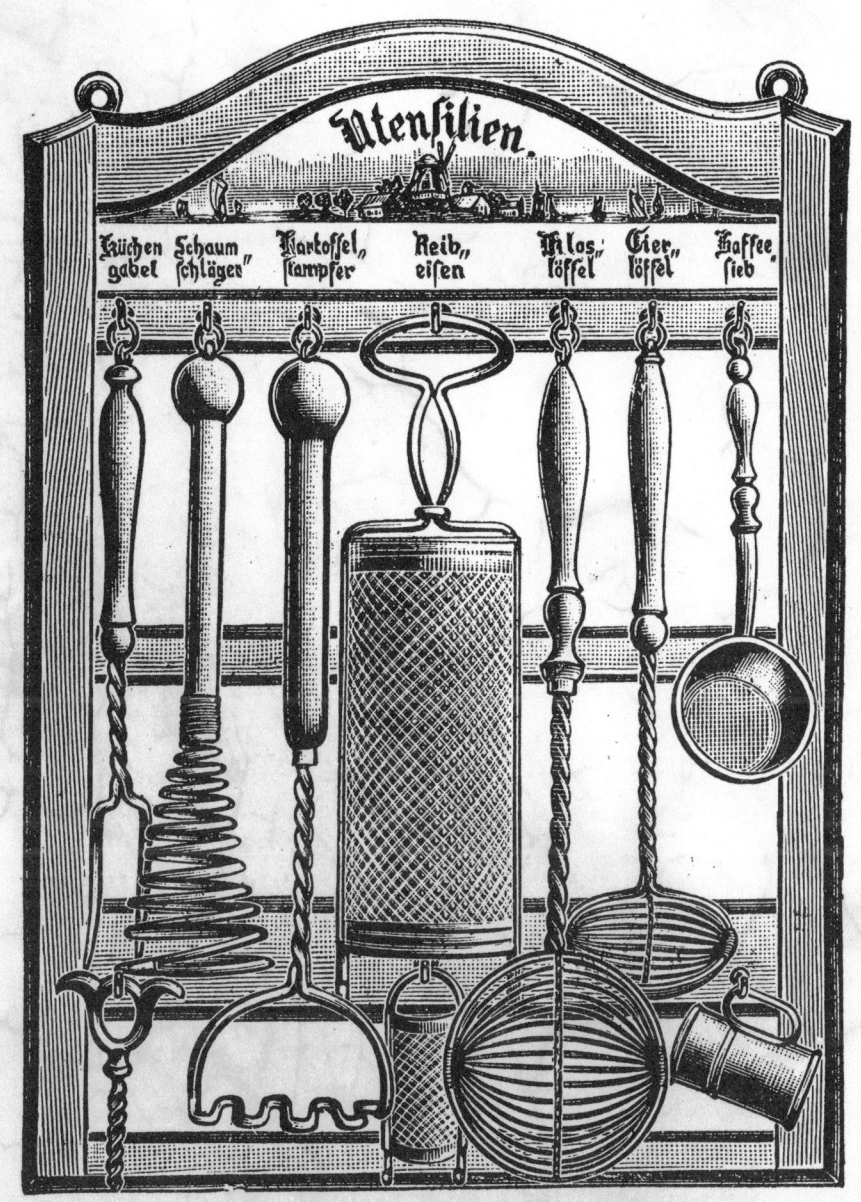

Utensilienrahmen

77

Birnen, Bohnen und Speck

Für 4 Personen: 400 g geräucherter durchwachsener Speck, 2 Liter Wasser, 750 g grüne Bohnen, 750 g Kartoffeln (geschält und in Scheiben geschnitten), 1 Bund Bohnenkraut, 500 g kleine Augustbirnen (Bergamottbirne), 1 Eßl. gehackte Petersilie, Salz, weißer Pfeffer, Senf.

Zunächst das Wasser mit dem Speck zum Kochen bringen und zugedeckt, etwa 60 Minuten bei schwacher Hitze garen.

Die grünen Bohnen waschen, putzen und in 2 - 3 cm lange Stücke brechen, dann mit den Kartoffelscheiben in den Topf zum Speck geben und mit dem Bohnenkraut halb garen.

Nun die geputzten und gewaschenen Birnen zugeben, dabei den Speck jedoch herausnehmen.

Schließlich die Bohnen, Kartoffeln und Birnen weitere 15 Minuten zugedeckt köcheln lassen, mit Petersilie, Salz und Pfeffer abschmecken.

Den Speck in Scheiben schneiden und in dem Eintopf servieren. Den Senf nicht vergessen!

Durch die Kartoffelstärke sollte dieser Eintopf immer leicht gebunden sein. Wer es mag, kann bei zu süßen Birnen, noch etwas Kondensmilch und Essig zugeben.

Birnen und Bohnen

Gemüsekürbis süßsauer

auch dieses Rezept verrät die Vorliebe vieler Hanseaten für süß-saure Zubereitungen.

1 großer Gemüsekürbis 2 - 3 kg, 3 Liter Wasser, 350 g Zukker, 1/2 Liter Essig 25 %, 1 Messerspitze Marcisblüte, 1 Messersp. Ingwerpulver, 1 Messersp. Kurkuma, 1 Eßl. Heidehonig, 2 cl Walnußöl.

Den Gemüsekürbis vierteln, die Kerne herausschälen und zur späteren Verwendung aufbewahren.

Das Kürbisfleisch von der Schale trennen und in 2 - 3 cm große Rauten schneiden.

Nun das Kürbisfleisch in einem Sud aus dem Wasser, Zukker, Essig, Marcisblüte, Ingwer, Kurkuma und Honig aufkochen, dann etwa 20 Minuten ziehen lassen.

Zum Schluß die aufbewahrten Kürbiskerne im Walnußöl rösten und zum Kürbisfleisch geben. Mit Klarsichtfolie 2 - 3 Tage zugedeckt stehen lassen.

Gemüsekürbisse

Hamburger National

wozu immer Schweinebauch, Steckrüben und Kartoffeln gehören. Ein leicht gepökelter Schweinebauch schmeckt dabei herzhafter und hat eine schönere Farbe. Dieser einfache Eintopf, der natürlich mit einem kühlen Bier verzehrt wird, war ein bevorzugtes Gericht bei der einfachen Bevölkerung und wurde bei vielen Hamburgern zum Leib- bzw. „National"gericht.

750 g Schweinebauch (vorzugsweise leicht gepökelt), 2,5 kg Steckrüben, 2 kg Kartoffeln, 3 dicke Zwiebeln, 100 g Schweineschmalz, Salz, schwarzer gestoßener Pfeffer, Majoran, 150 g gewürfelten Speck, 1 Bund Petersilie.

Den Schweinebauch zunächst in Wasser etwa 45 Minuten kochen lassen.
Die Steckrüben und Kartoffeln waschen, schälen und in fingerdicke Stifte schneiden. Die Zwiebeln schälen und in Würfel schneiden.
Steckrüben, Kartoffeln und Zwiebeln in einem großen flachen Topf im Schmalz anschwitzen, dann mit der Kochbrühe vom Schweinebauch aufgießen, mit ein wenig Salz, Pfeffer und Majoran würzen und gar kochen.
Durch die Stärke der Kartoffeln sollte dieses Gericht leicht gebunden sein, daher mehligkochende Kartoffeln verwen-

den oder ein wenig Mondamin anrühren und hineingeben. Vor dem Anrichten den Schweinebauch in Scheiben schneiden und mit der Suppe auf 4 Teller verteilen.

Zum Schluß die verbliebenen Zwiebeln mit den Speckwürfeln in einer Eisenpfanne anbraten und jeweils über die Suppe geben.

Dazu gibt es ein kühles Bier.

Steckrübe

Snute un Poten

so bezeichnet man in Hamburg eine weichgekochte Schweineschnauze mit Schweinepfoten und meist auch Schweineohren. Diese sollten leicht gepökelt sein und beim Schlachter vorher bestellt werden.

700 g Schweinskopf (Schnauze), 4 Vorderfüße, 4 Schweine-ohren, 1 Spickzwiebel, 1,2 kg Sauerkraut, Salzkartoffeln, Erbspüree, 50 g Bauchspeck, 100 g gewürfelte Zwiebeln, Petersilie zum Garnieren.

Schnauze, Füße und Ohren in einen Topf mit kochendem Wasser und einer Spickzwiebel geben, 45 Minuten köcheln lassen und zwischendurch abschäumen.
Dann das Sauerkraut waschen, hinzufügen und nochmals weitere 45 Minuten mitgaren.
Von Vorteil ist es, eine geriebene Kartoffel zum Binden von Kraut und Sud während der letzten 10 Minuten mitkochen zu lassen.
Snuten un Poten serviert man in Hamburg mit Erbspüree und Salzkartoffeln. Darübergegossen wird eine Speckstippe aus krossgebratenem Bauchspeck und Zwiebeln.

Erbspüree

Für 6 Personen: 500 g gelbe Erbsen, 200 g Möhren, 1 Zwiebel, 1 Stange Lauch (davon nur den weißen Teil verwenden!), 1 Speckschwarte, 1 Liter Pökelfond, Salz, Pfeffer, Muskat.

Die gelben Erbsen einen Tag vorher in kaltem Wasser einweichen. Sodann die Möhren und Zwiebeln schälen und in grobe Würfel schneiden. Ebenso das Weiße vom Lauch und alles zusammen mit der Speckschwarte in einem Topf anschwitzen, die Erbsen zugeben, mit dem Pökelfond von Snuten un Poten bis etwa 3 cm über dem Gemüse aufgießen. Unter ständigem Rühren nun zu einem Brei kochen, mit Salz, Pfeffer und Muskat würzen, die Schwarte fortwerfen und die Erbsenmasse durch den Wolf (feine Scheibe) drehen. Es wird in Hamburg nur zu Snuten un Poten und Eisbein bereitet.

Erbsenschoten

Schwarzsauer

könnte man als eine Art Ragout aus dem Fleisch von Schweinerippe, - schwanz und - pfoten bezeichnen. Es ist eine alte Schlachtfestspezialität vom Lande, die meist aus Schweineblut hergestellt wird. Noch heute kann man in einigen Restaurants im Umland von Hamburg an bestimmten Tagen wie Gründonnerstag und dem Tag vor Buß- und Bettag diese alte Schlachtfestspezialität bekommen. Das Interesse ist groß.

100 g gewürfelte Steckrüben, 100 g gewürfelte Zwiebeln, 100 g Rosinen, 100 g Schweineschmalz, 800 g Dicke Schweinerippe mit Schwarte, 4 Schweineschwänze, 4 querhalbierte Schweinepfoten, 1/4 Liter Essig 25 %, etwa 2 Liter Wasser, 2 Nelken, 30 g Senfkörner, 5 Pfefferkörner, 2 Lorbeerblätter, 1 Eßl. Salz, 2 Eßl. Zucker, 3/4 Liter frisches Schweineblut.

Zuerst die Steckrüben, Zwiebeln und Rosinen in einem großen Schmortopf anschwitzen, das gesamte Fleisch dazugeben, mit Essig und Wasser aufgießen bis das Fleisch knapp bedeckt ist. Sämtliche Gewürze mit hineingeben und das Fleisch 60 - 80 Minuten gar kochen.
Dann aus dem Topf nehmen und warm stellen. Den Sud durch ein feines Sieb gießen.

Jetzt erst 1/3 Liter vom heißen Sud in einem anderen Topf mit etwa 1/4 Liter vom Schweineblut anrühren, den verbliebenen Fond zugießen und zum Schluß mit dem restlichen Schweineblut verrühren. Das Schweineblut bindet den Kochsud aus Steckrüben und Fleisch durch Gerinnen ab. Die Soße darf nun nicht mehr kochen!
Schließlich das Fleisch wieder in die Soße geben und mit Salzkartoffeln und Kartoffelklößen servieren.

Die Teile eines Schweins:
1) Kopf, 1a) Ohren, 1b) Schnauze, 2) Kamm, 3) Rippe, Karree, Kotelette, 4) Hintere Rippe,
5) Vorderschinken, 6) Bauch, 7) Hinterschinken, 8) Eisbein, 9) Spitzbein

Kräuterrippchen mit Schwips

350 g Backpflaumen, bereits entkernt, 0,7 Liter roter Portwein, 2 Eßl. Ketchup, 5 Eßl. Sojasoße, 1 Eßl. Curry, 1 feingemahlene Knoblauchzehe, 1 Eßl. Salz, 1 Messersp. Ingwer, 2 Eßl. Sherry medium, 1 kg dicke Rippe (in 4 - 6 Rippen geschlagen), 1 Eßl. frischer Majoran, 1 Eßl. frischer Thymian, 1 Eßl. Basilikum, 1 Teel. Origano, 1 Eßl. Rosmarin.

Sollten Sie die Kräuter nicht frisch bekommen können, getrocknete verwenden und die Mengen halbieren!
Zweckmäßigerweise bereits am Vorabend die Pflaumen im Portwein einlegen und mit Klarsichtfolie abdecken.
Eine Marinade herstellen aus dem Ketchup, der Sojasoße, Curry, Knoblauch, Ingwer und Sherry und mit einem Pinsel die Rippchen damit einstreichen.
Sämtliche Kräuter fein hacken und über die marinierten Rippchen verteilen, sodann über Nacht abgedeckt ziehen lassen. Schließlich die Rippchen im vorgeheizten Backofen 15 - 20 Minuten bei 250 Grad grillen.
In der Zwischenzeit noch die Pflaumen in einer Pfanne mit heißer Butter glasieren. Die Rippchen mit Kartoffelbrei und blonden Zwiebeln servieren und mit den glasierten Portweinpflaumen umlegen.

Kalbsleber hanseatisch

6 große Kalbsleberscheiben (je 250 g, 1 cm dick), Pfeffer, 1/8 Liter Speiseöl, 200 g Mehl, 200 g Butter, 300 g Rosinen, 325 g Senffrüchte, 150 g grüne oder blaue Weintrauben ohne Kerne, 80 g Speck, in 5 mm Streifen geschnitten.

Die Kalbsleber abspülen, trockentupfen, beidseitig bemehlen und im heißen Öl in einer großen Pfanne von beiden Seiten je 1 - 2 Minuten braten. Die Leberscheiben dann auf einer Porzellanplatte heiß halten.
Nun die Butter in der Pfanne auslassen, die Rosinen, Senffrüchte, die Trauben und Speckstreifen darin anbraten.
Die Leberscheiben zu Kartoffelbrei auf vorgewärmte Teller verteilen und die heiße Traubenspeckbutter mit den Rosinen und Senffrüchten darübergießen.

1) Keule, 2) Nierenstück, 3) Cotelettes, 4) Brust

Gebackener Schweser

Schweser ist die niederdeutsche Bezeichnung für Kalbsbries. Dies ist die Wachstumsdrüse (Thymus) des Kalbes,
welche besonders nahrhaft ist und meist gebacken gegessen wird. Dazu paßt am besten ein frischer Kopfsalat mit
Zitronensahne.

*1,5 kg Schweser (Kalbsbries), etwa 2 Liter Wasser, 1/4 Li-
ter Weißwein, 1 Spickzwiebel, Salz, Pfeffer, 1 Bund Petersilie, Saft von 1 Zitrone, 200 g Mehl, 2 Eier miteinander ver-
rührt, 200 g Paniermehl, 350 g Butter.*

Zunächst 1 Tag vor Zubereitung den Schweser in kaltem
Wasser auswässern.
Danach einen Kochsud bereiten aus Wasser und dem Weißwein unter Zugabe der Spickzwiebel, Salz und Pfeffer sowie der Petersilienstengel.
Schweser vorher abwaschen, in den kochenden Sud geben
und etwa 30 Minuten kochen. Danach noch 30 Minuten
ziehen lassen, unter kaltem Wasser abschrecken und die
überflüssige Haut, Fett sowie Blutgerinsel abziehen, nochmals abspülen und mit Küchenkrepp trockentupfen.
Nun den gekochten Schweser in dünne Scheiben schneiden, mit dem Zitronensaft beträufeln, zuerst im Mehl wen-

den, dann durch das Flüssigei ziehen und zum Schluß panieren. In der heißen Butter von beiden Seiten goldbraun backen.

Schließlich die gebratenen Schweserscheiben mit der Bratbutter zu Kopfsalat in Zitronensahne und Petersilienkartoffeln servieren.

Gewürzbord

Hamburger Beefsteak mit Zwiebeln

aus dem Fleisch der Rinderkluft, das gut abgehangen sein muß und dann im Geschmack eine sehr gute Qualität besitzt. In Hamburg heißt es „ das beste Gemüse ist ein Beefsteak".

4 Beefsteaks à 250 g (Kluftsteaks), schwarzer Steakpfeffer, 3 Eßl. Oel, 400 g in Streifen geschnittene Zwiebeln, 4 Eßl. Butter, Salz, Pfeffer.

Zuerst die Beefsteaks mit dem Pfeffer einreiben und eine gute 1/2 Stunde bei Zimmertemperatur ruhen lassen.
In einer Eisenpfanne das Oel heiß werden lassen die Steaks salzen und von beiden Seiten 3 - 4 Minuten braten.

Die Steaks auf vorgewärmte Teller legen, die Temperatur der Kochplatte zurückdrehen und dann die Zwiebeln in der Butter blond braten, mit Salz und Pfeffer würzen und die Zwiebeln über die Steaks geben.

Eigener Herd ist Goldes Wert

Hamburger Sauerbraten

1,3 - 1,5 kg Rindfleisch aus der Keule

Für die Marinade: 1,5 Liter Wasser, 0,7 Liter Rotwein, 1/4 Liter Essigessenz, 1 Spickzwiebel, 200 g Zucker, 100 g Salz, 3-4 Pfefferkörner, 2 Wachholderbeeren, 600 g Suppengemüse (Sellerie, Lauch, Möhren)

Zum Braten: 1/8 Liter Öl, 200 g Mehl, 350 g Speckwürfel, 1/4 Liter Sahne.

Eine Woche vorher eine Marinade aus dem Wasser, Rotwein, Essig, sämtlichen Gewürzen, der Spickzwiebel und dem Suppengemüse herstellen, einmal aufkochen, dann abkühlen lassen.

Das gewaschene Rindfleisch hineinlegen und abgedeckt etwa 1 Woche ziehen lassen. Das Rindfleisch gut abtropfen lassen, in heißem Öl scharf anbraten, mit dem Mehl bestäuben, das Gemüse aus der Marinade zugeben und kurz weiter braten. Mit der Marinade ablöschen und bei 230 Grad im Backofen etwa 2 Stunden schmoren lassen, wobei der Braten etwa alle 15 Minuten gewendet wird.

Dann den Braten herausnehmen, in Scheiben schneiden und warm stellen. Die Bratensoße durch ein feines Sieb passieren.

Für die Soße noch die Speckwürfel in einer Pfanne anbraten und mit der Sahne aufgießen. Diese Specksoße mit zu
der Bratensoße geben, kurz aufkochen und zum Sauerbra-
ten reichen.

Dazu gibt es Rotkohl und Petersilienkartoffel oder Klüten.

*Einteilung des Rindes: 1) Hals, 2) Schulterblatt, 3) Vorderrippenstück, 4) Mittelrippe,
5) Lendenbraten, 6) Dickes Roastbeef, 7) Schwanzstück, 8) Mittelschwanzstück,
9) Unterschwanzstück, 10) Kugel, 11) Unterweiche, 12) Nachbrust, 13) Brust,
14) Blatt, 15) Spießbrust, 16-17) Beine, 18) Kopf*

Hamburger Ochsensteert-Ragout

daß man vom Ochsenschwanz ein vorzügliches Gericht mit einer würzigen Soße machen kann, verrät dieses Rezept nach Großmutters Überlieferung.

2 Ochsenschwänze, Salz, Pfeffer, 1/4 Liter Öl, Röstgemüse: 500 g Sellerie, 500 g Möhren, 1 große Zwiebel, 3 Eßl. Tomatenmark, 350 g Mehl, 0,7 Liter Madeira, 5 Liter Fleischbrühe oder Wasser.

Für das Gewürzbündel, in einem feinen Leinentuch zusammengebunden, wie Großmutter es zu tun pflegte!
1 Eßl. Oregano, 2 Eßl. Thymian, 1 Eßl. Wacholderbeeren, 2 Lorbeerblätter, 3 Nelken, 1 Messesp. Piment, 1 Zweig Rosmarin, 3 Salbeiblätter, 1 Eßl. Senfkörner, 1 Zweig Estragon, 1 Petersilienwurzel, 1 Messesp. Muskat, 1 Eßl. Zukker, 4 cl Sherry.

Die Ochsenschwänze in den Gelenken mit einem Messer zerschneiden, mit Salz und Pfeffer einreiben und in einem Bräter in heißem Öl von allen Seiten scharf anbraten.
Das Röstgemüse zugeben und etwa 10 Minuten mitbraten, das Tomatenmark etwa 5 Minuten mit anrösten und das

Mehl darüber gut verteilen und mit anbräunen.

Nun mit der Hälfte des Madeiras ablöschen, den Bratensatz lösen und die Fleischbrühe zugießen und mit dem
Gewürzbündel zum Kochen bringen. Zwischendurch immer wieder umrühren und darauf achten, daß die vom Mehl
bereits gebundene Soße nicht am Topfboden ansetzt. Die
Ochsenschwänze 50 - 60 Minuten köcheln lassen bis das
Fleisch schön weich ist.

Dann die Ochsenschwänze auf einer großen Fleischplatte
nebeneinander anrichten, die Soße mit dem restlichen Madeira und dem Sherry verfeinern und durch ein feines Sieb
über die Ochsenschwänze gießen. Das Ganze mit verschie-
denem Saisongemüse umlegen und mit Bandnudeln oder
Salzkartoffeln servieren.

Restaurant um 1900

Hamburger Stubenküken

sie kommen größtenteils aus den „Vierlanden", dem fruchtbaren Agrargebiet südlich von Hamburg. Es heißt, daß man dort früher die Hühner mit nahrhaftem Fischfutter zu füttern pflegte.

Die auf diese Weise wohlgenährten Hühner brüteten daher viel früher als anderswo. Die früh geschlüpften Küken nahmen die Bauern mit in ihre Wohnungen, um sie vor der Kälte des Winters zu schützen und zogen Sie in der Stube unter der sogenannten „Hühnerbank" auf. Dies war eine Sitzbank mit einem Holzverschlag unter der Sitzplatte, wo sich das Federvieh wohlfühlen konnte. Stubenküken sind deshalb sehr fleischig und dennoch klein.

Für 4 Personen: 4 Stubenküken à 200 - 250 g, 40 g Rauchspeck, 1 Bund Petersilie, hitzebeständiger Zwirn, 250 g Butter, Salz, Pfeffer.

Für den Salat: 4 grüne Kopfsalate, 0,5 Liter Sahne, 1 Prise Salz, 2 Eßl. Zucker, Saft von 3 Zitronen.

Die bereits ausgenommenen küchenfertigen Küken mit dem Speck und der Petersilie füllen und zubinden. Die Flügelknochen und Keulen jeweils über Kreuz festbinden, damit sie besser zu handhaben sind und schöner aussehen.

Den Ofen mit 240 Grad Umluft vorheizen. Die zerlassene Butter über die Stubenküken gießen, mit Salz und Pfeffer würzen und 18 - 20 Minuten bei 240 Grad braten.

In der Zwischenzeit für den Salat die süße Sahne mit Salz und Zucker, sowie dem Zitronensaft dickflüssig schlagen und über den bereits geputzten und gewaschenen Kopfsalat geben.

Das Stubenküken schließlich mit Petersilienkartoffeln, der Bratenbutter und dem zubereiteten Kopfsalat reichen.

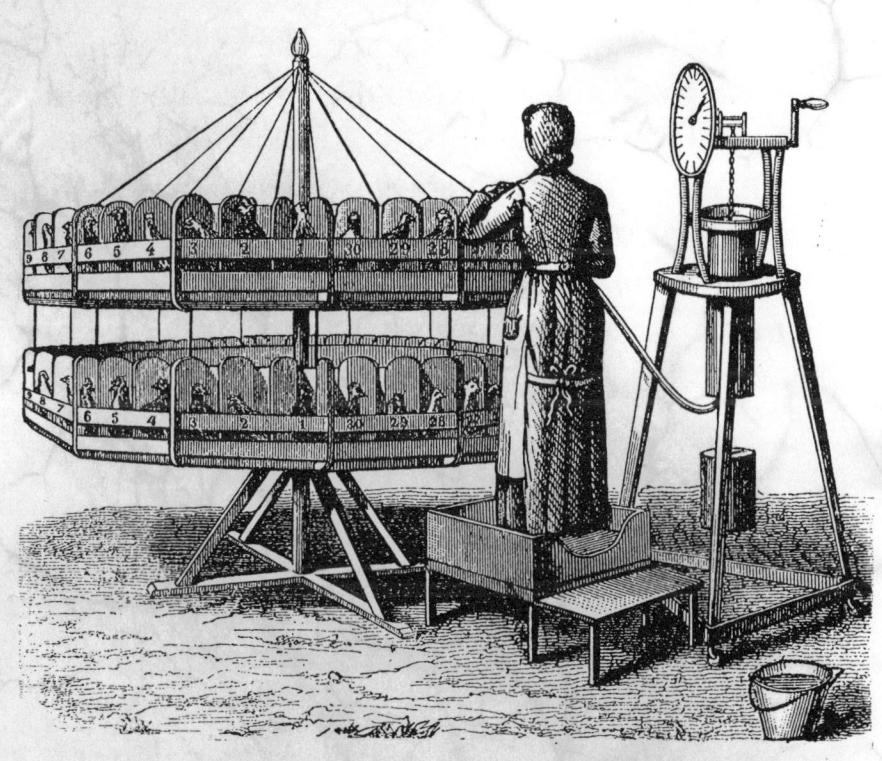

Spätere Art Geflügel zu mästen: Drehbarer Mastkäfig für 60 Tiere um 1890.

Vierländer Ente mit Äpfel- und Rosinenfüllung

125 g Rosinen, 1/4 Liter Weißwein, 500 g säuerliche Äpfel, Entenfett, 1 Prise Zimt, 1 Glas Weinbrand, 1 große Vierländer Ente à 2,5 kg, Salz, 250 g Weißbrotwürfel (ohne Rinde), 1 Zweig Majoran, 1 kleines Glas Preiselbeeren.

Zunächst die Rosinen im Weißwein aufquellen lassen, die Äpfel ungeschält vierteln und dann beides in etwas Entenfett anbraten, mit Zimt bestreuen und Weinbrand flambieren. Nun die Ente von außen mit Salz einreiben und mit den Äpfeln, den Rosinen und den Weißbrotwürfeln füllen, zubinden und im vorgeheizten Ofen bei 240 Grad etwa 60 Minuten ausbraten. Inzwischen Salzkartoffeln bereiten und diese in dem frischen Entenfett mit frischem Majoran anschwenken. Die Ente zerteilen und mit der Füllung servieren, mit Preiselbeeren garnieren. Dazu Rotkohl und Majorankartoffeln reichen.

Zerlegen der Ente

Gebratene Altländer Gänseleber

4 große Altländer Äpfel, 100 g Preiselbeeren, 40 g Butter, 40 g Zucker , 4 Gänselebern, Pfeffer aus der Handmühle, 80 g Mehl, 120 g großgewürfelter Räucherspeck, 8 cl Öl, 1 Prise Salz, 1/3 Liter Madeira, Thymianzweige.

Für die Bratäpfel den Backofen auf 220 Grad vorheizen. Die Äpfel entkernen, oben und unten die Schale ringförmig abschälen und auf das Ofenblech setzen. Die Äpfel mit Preiselbeeren füllen, jeweils ein Stückchen Butter oben aufsetzen, dann mit Zucker bestreuen und 8-10 Minuten backen.

Die Gänseleber in 3 cm große und etwa 1/2 cm dicke Stücke schneiden, pfeffern und mit Mehl bestäuben.

Den Speck in heißem Öl anbraten, die Gänseleber zugeben und 1-2 mal schwenken, dann erst salzen und sogleich mit dem Madeira den Bratensatz ablöschen.

Schließlich die Bratäpfel auf vorgewärmte Teller setzen, die Gänseleber und den Speck darumherum legen und den Madeirabratensaft durch ein kleines Sieb über die Leber gießen, mit einem Thymianzweig garnieren.

Freilandgans hamburgisch

*Für 4 Personen: 1 frische Freilandgans (5 - 6 kg, küchen-
fertig, mit Magen, Herz und Leber), 2 Liter Salzwasser.*

*Für die Füllung: 250 g Maronen ohne Schale, 5 große Äp-
fel (in walnußgroßen Stücken, ohne Kerne), 100 g Walnüs-
se ohne Schale, 50 g Mandelsplitter, 50 g Rosinen, 1 Zweig
Thymian, 250 g mageren Rauchspeck.*

*Für die Soße: Magen, Herz und Leber, Gänsehals und
Flügelspitzen, 1 Teel. Gänsefett (aus dem Bratensatz nach
1 Stunde), Pfeffer, 1 Eßl. Tomatenmark, 3 Eßl. Mehl, 1/2
Liter Rotwein, 3/4 Liter Bratensaft aus dem Bräter.*

Zunächst für die Füllung die genannten Zutaten miteinander gut vermengen. Von der Gans die Flügelspitzen und
das Halsstück abschneiden und die Füllung hineinlegen.
Damit diese nicht herausfallen kann, die Keulen zusammenbinden. Ebenso die unteren Flügelknochen, so ist die
Gans besser zu handhaben.
Nun die Gans in einen großen Bräter legen, diesen 2 cm
hoch mit leichtem Salzwasser füllen und im vorgeheizten
Ofen (Umluft) bei 280 Grad 2 1/4 - 2 1/2 Stunden braten.
Immer wieder mit dem Salzwasser begießen bis die Gans
eine goldbraune Farbe hat.

Für die Soße zunächst die Innereien, den Gänsehals, sowie die Flügelspitzen in nußgroße Stücke zerkleinern, dann in etwas Gänsefett mit Pfeffer und einem Löffel Tomatenmark scharf anbraten, mit dem Mehl bestäuben, nochmals braten und mit dem Rotwein und 3/4 Liter vom Bratensaft aus dem Ofen auffüllen. Wieder kräftig durchkochen und die Soße durch ein feines Sieb passieren.

Die Soße sollte nicht länger als 20 Minuten kochen, da sonst der feine Gänsegeschmack verkochen würde. Auch ist es von Vorteil, die Soße vor dem Servieren nochmals mit einem Mixstab aufzuschlagen.

Die Gans frisch aus dem Ofen am Tisch zerlegen und dazu die Füllung sowie Rotkohl und Salzkartoffeln servieren.

Tranchieren der Gans

Gooskuul sössuur

auf hochdeutsch: Gänsekeule süßsauer. Obligatorisch sind dazu Bratkartoffeln, Rotkohl und Apfelkompott.

4 große Gänsekeulen à 600 g

Für die Kochbrühe: 6 Liter Wasser, 3 Lorbeerblätter, 6 Eßl. Zucker, 6 Eßl. Essigessenz 80%, 1 große Zwiebel, 1 Eßl. Wacholderbeeren, 1 Eßl. weißer Pfeffer, 3 Eßl. Senfkörner, 1 geschälte halbierte Orange.

Für die süßsaure Soße: 50 g Butter, 3 Eßl. Zucker, 3 Eßl. Speisestärke (Mondamin), brauner Rohrzucker.

Die Gänsekeulen zunächst in einem Topf mit Wasser und sämtlichen Gewürzen einschließlich der Orangenhälften gar kochen. Danach die Keulen herausnehmen und den überstehenden Keulenknochen mit einem Beil abtrennen.

Nach dem Erkalten der Kochbrühe die Fettschicht abnehmen, wieder aufkochen, die Gänsekeulen darin erhitzen, dann auf einer Platte anrichten, mit Rohrzucker bestreuen und im Ofen bei Oberhitze goldbraun backen.

In der Zwischenzeit den Zucker mit der Butter in einem Topf karamelisieren lassen, mit 1/4 der Kochbrühe lösen, die Speisestärke mit etwas Wasser anrühren und unter Kochen die Soße nachbinden. Schließlich die Gänsekeulen darin servieren.

Dazu gibt es in Hamburg Bratkartoffeln wie bei Muttern, Rotkohl und Apfelkompott.

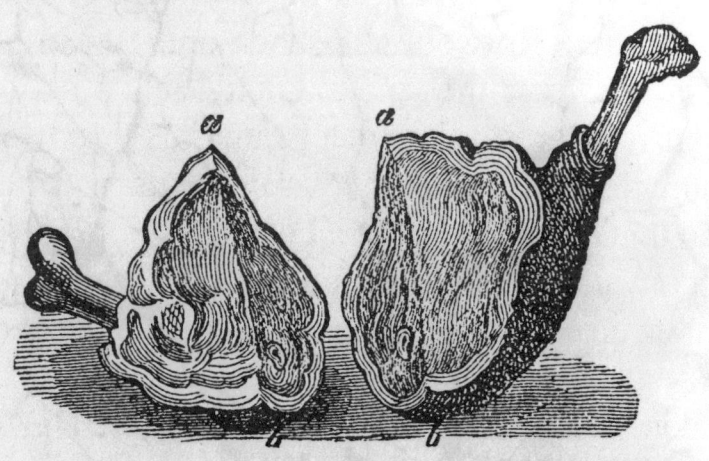

Abgetrennte Keulen

Sachsenwälder Hasenkeule

4 Hasenkeulen, 1 Eßl. Salbei, 1 Eßl. Beifuß, 1 Eßlöffel Salz, 8 zerdrückte Wacholderbeeren, 4 Speckscheiben (10 x 20 cm, etwa 2 mm dick), kochfester Zwirn, 1 Kaffetasse Öl, 600 g Röstgemüse (Sellerie, Möhren, Zwiebeln, gewürfelt), 2 Eßl. Tomatenmark, 1 Liter Rotwein, 80 g Mehl, 2 Liter Fleischbrühe, Salz, Pfeffer aus der Handmühle, Zucker.

Zunächst die Hasenkeulen vom Hüft- und Röhrenknochen befreien und mit der Gewürzmischung aus Salbei, Beifuß Salz und den zerdrückten Wacholderbeeren einreiben, dann jeweils in eine Speckscheibe einwickeln und zubinden.

Nun die verpackten Hasenkeulen in heißem Öl in einem Bräter scharf anbraten, das Röstgemüse zugeben und ebenso anbraten, das Tomatenmark zufügen und durchrühren. Sodann mit dem Rotwein ablöschen und 10 Minuten einkochen lassen. Anschließend mit dem Mehl bestäuben und verrühren, mit der Bouillon den Bratensatz lösen und nochmals zum Kochen bringen. Jetzt den Bräter in den Ofen schieben und alles bei 220 Grad etwa 1 Stunde gar schmoren. Mit etwas Zucker, Salz und Pfeffer nachwürzen.

Die Keulen aus dem Bräter nehmen und den Zwirn entfernen. Die entstandene Soße durch ein feines Sieb passieren und zu den Keulen und dem Speck servieren. Dazu gibt es Kartoffelklöße, Rotkohl und Preiselbeeren mit Bratäpfeln.

Küche um 1800

Geschmorte Deichlammhaxe

das Fleisch von Schafen, welche auf den küstennahen jodsalzhaltigen Deichwiesen oder auch in den fruchtbaren Elbmarschen grasen, hat eine besonders gute Qualität.

4 Lammhaxen
Für die Marinade: 1,5 Liter Wasser (oder Fleischbrühe), 0,7 Liter Burgunder, 2 Lorbeerblätter, 2 Knoblauchzehen in Scheiben, 1 Zweig Rosmarin, 5 Wachholderbeeren, 5 schwarze Pfefferkörner, 1 Teel. Zucker, 1 Eßl. Salz.
Zum Anbraten: 2 Eßl. Öl, 500 g Röstgemüse (Möhren, Sellerie, Zwiebeln), 1 Eßl. Tomatenmark, 1 Eßl. Speisestärke (Mondamin).

Frühlingsgemüse aus Vierlanden: Blumenkohl, Broccoli, Champignons, Strauchtomaten, kleine Zwiebeln, Zucchinies oder auch Lüneburger Spargel, 0,5 Liter Fleischbrühe, Knoblauch, Thymian, 1 Eßl. Speisestärke.

Die Lammhaxen 2 Tage vorher marinieren. Dazu aus dem Wasser (oder der Fleischbrühe) und dem Rotwein mit sämtlichen Gewürzen eine Marinade herstellen, aufkochen und abkühlen lassen.

Die Lammhaxen mit Salz und Pfeffer gut einreiben und in die Marinade legen. Den Topf mit Folie verschließen und kühl lagern.

Die Lammhaxen aus der Marinade nehmen und mit Küchenkrepp trocken tupfen. Dann in einem Topf mit heißem Öl von allen Seiten scharf anbraten, das Röstgemüse und Tomatenmark zugeben und mit anrösten. Mit dem Marinadenfond aufgießen, bis die Haxen zu dreiviertel bedeckt sind und im Ofen bei 230 Grad etwa 45 Minuten schmoren lassen, die Haxen immer wieder umdrehen.

Anschließend den Schmorfond durch ein feines Sieb geben und mit der Speisestärke leicht binden, warm stellen.

Nun das Frühlingsgemüse putzen, waschen und in nußgroße Stücke schneiden. Die Fleischbrühe aufkochen, mit Knoblauch und Thymian würzen und das Gemüse darin 10-12 Minuten garen, daß es noch „Biß" hat. Mit Speisestärke leicht binden, nochmals aufkochen.

Mit den Lammhaxen und neuen Kartoffeln servieren.

Deichlämmer

Gerollte Deichlammschulter auf Wirsingkohl

2 Lammschultern, 1 Teel. Salz, 1 Teel. Pfeffer, 1 Eßl. Thymian, 1 Zweig Rosmarin, 1 Eßl. zerdrückter frischer Knoblauch, 2 Scheiben Rauchspeck, 1 dünne gewaschene und halbierte Lauchstange, 1 geschälte halbierte Möhre, Salz, Pfeffer, 1 Eßl. Kümmel, 2 Eßl. Öl zum Anbraten, 1,2 kg in Streifen geschnittener Wirsingkohl, 800 g in Scheiben geschnittene Kartoffeln, 2 Liter Fleischbrühe.

Zuerst die aufgeklappten Lammschultern mit Salz und Pfeffer, Thymian, Rosmarin und Knoblauch einreiben, dann mit dem Speck belegen. Das Lauch und die Möhren daraufgeben und im Schulterfleisch einwickeln. Mit dem Zwirn zubinden und mit etwas Salz, Pfeffer und Kümmel würzen.

Dann in einer Pfanne in heißem Öl rundherum kurz anbraten. Anschließend in einem Bratentopf, zuerst den Wirsingkohl und die rohen Kartoffelscheiben geben, dann die

Lammrollen in die Mitte setzen und mit der Brühe aufgießen. Im vorgeheizten Backofen etwa 50 Minuten bei 220 Grad zugedeckt schmoren lassen.

Zum Schluß den Zwirn entfernen, die Lammschultern in Scheiben schneiden und auf dem Wirsingkartoffelgemüse servieren.

Wirsingkohl

Fasan hamburgisch

2 junge Fasanenhähne (bereits gerupft und ausgenommen), Salz, Pfeffer, 1 Thymianzweig, 2 Scheiben grüner Speck (etwa 15 x 15 cm, 2 mm dick), 150 ml Trüffelöl, 600 g Weinkraut, 1/2 Liter Champagner, 250 g Butter, 1 kleine reife Ananas, 600 g gekochte Kartoffeln, 1/2 Liter Wild- oder Geflügelbrühe, 5 Wacholderbeeren, 2-3 Lorbeerblätter, 250 g Crème double, 200 g magerer Rauchspeck (in Streifen geschnitten), 500 g grüne und blaue entkernte Weintrauben.

Zunächst die küchenfertigen Fasane von innen und außen mit Salz, Pfeffer und Thymian einreiben. Die Brüste jeweils mit einer Scheibe grünem Speck abdecken und mit einem Bindfaden über kreuz verschnüren.

Dann mit Trüffelöl einreiben und abgedeckt 8 - 10 Stunden ruhen lassen, damit das Trüffelöl und die Gewürze gut einziehen können.

Nun im vorgeheizten Backofen bei 240 Grad je nach Größe 22 - 25 Minuten braten.

In der Zwischenzeit das Weinkraut vorkochen und in Champagner und etwas Butter, sowie den Ananaswürfeln gar kochen. Weiterhin aus den gekochten Kartoffeln einen Kartoffelbrei in bekannter Weise nach Belieben herstellen.

Schließlich die Fasane aus dem Ofen nehmen und 5 Minuten ruhen Lassen. Den Bratensatz vom Ofenblech mit der Wild- oder Geflügelbrühe lösen, Wacholder, Lorbeer und Thymian zugeben und mit der Crème double etwa 5 Minuten einkochen lassen. Dann die Soße durch ein Sieb passieren und mit Butterflöckchen kurz vor dem Servieren aufschlagen.

Fasane

Die Fasane auf dem Champagner-Ananaskraut anrichten und den angebratenen Speck mit den angebratenen Trauben rundum anlegen.
Dazu den Kartoffelbrei und die Soße servieren.

Nachspeisen

Großer Hans ...

1 Päckchen Hefe, 1/4 Liter lauwarme Milch, 250 g Zucker, 500 g Mehl, 3 Eier, 1 Prise Salz, 125 g Margarine, 125 g Rosinen.

Zunächst die Hefe mit etwas lauwarmer Milch und einer Prise Zucker anrühren.

Mehl, Milch, Eier, Zucker und Salz sowie die Margarine in eine Schüssel geben und umrühren. Die Hefe dann in eine eingedrückte Mulde zu dem Teig geben, etwas Mehl darüber verteilen und mit einem Tuch zugedeckt an einem warmen Ort etwa 15 Minuten gehen lassen.

Anschließend die Rosinen mit der restlichen Milch hineingeben und alles zu einem Teig verkneten. Diesen in eine ausgefettete, blecherne Puddingform drücken und abermals etwa 40 Minuten ruhen lassen.

Schließlich die Puddingform gut verschließen und in einen großen Topf stellen. Diesen mit warmem Wasser 1-2 cm an den Puddingformrand auffüllen und bei geschlossenem Deckel 1 3/4 bis 2 Stunden kochen.

Danach die Puddingform herausnehmen, öffnen und den „Großen Hans" auf einen Teller stürzen.

Dazu gibt's Zitronensoße. Auch kann man einen „Großen Hans" mit Puderzucker bestreuen und mit Johannisbeeren servieren.

... mit Zitronensoße

3/4 Liter Wasser, geriebene Schale von 6 unbehandelten Zitronen, Saft von diesen Zitronen, 8 Eigelb, 50 g Zucker, 2 Blatt Gelantine, 500 g Quark, 8 Eiweiß.

Das Wasser mit der Zitronenschale und dem Zitronensaft zum Kochen bringen.

Das Eigelb mit dem Zucker in einem Topf verrühren und das heiße Zitronenwasser mit dem Schneebesen langsam in das Eigelb rühren.

Die Gelantine in kaltem Wasser aufweichen und mit unter die Soße rühren, dann 20 Minuten stehen lassen.

Den Quark unter die noch lauwarme Zitronensoße geben. Schließlich das Eiweiß zu steifem Schnee schlagen und sobald die Soße kaltgeworden ist vorsichtig unterheben.

Puddingform

Verschleiertes Bauernmädchen

In der Tat weiß man auf Anhieb nicht, was sich bei dieser Nachspeise unter der Sahnehaube verbirgt: eine Schokoladenspeise oder etwa eine Grütze? Hier das Geheimnis:

300 g geriebenes Schwarzbrot, 100 g Zucker, 300 g Apfelmus, 1 Schnapsglas Rum, 1/2 Liter süße Sahne, 200 g feingeriebene Bitterschokolade, 100 g Himbeermarmelade.

Das geriebene Schwarzbrot mit dem Zucker und das Apfelmus mit dem Rum verrühren, die Sahne steif schlagen und die geriebene Schokolade unterziehen.

Dann schichtweise in eine Schüssel geben: zunächst die Schwarzbrotmischung, dann das Apfelmus, darüber die Schokoladensahne, wieder eine Schicht Schwarzbrotbrösel und zum Abschluß wieder Schokoladensahne mit einem Klacks Himbeermarmelade.

Statt der Sahne nimmt man vielfach auch mit Zucker gesüßten Quark.

Hamburger Rhabarber-Erdbeergrütze

gerade diese Grütze ist typisch hamburgisch, denn Rhabarber wurde hier immer schon in den verschiedensten Zubereitungen gegessen.

1,2 kg geschälten in 2 cm Stücke geschnittener Rhabarber, 1/2 Liter Wasser, 180 g Gelierzucker, 1/4 Zimtstange, 1 längshalbierte Vanilleschote, 30 g Speisestärke, 1/2 Orange, 600 g frische halbierte Erdbeeren.

Zunächst nur 700 g von dem Rhabarber in einem Topf mit dem Wasser, Gelierzucker, Zimtstange und Vanilleschote 8-10 Minuten kräftig durchkochen.

Die Speisestärke mit dem Saft der Orange glattrühren, dem Rhabarber zugeben und zum Schluß die Erdbeeren und verbliebenen 500 g vom Rhabarber in den noch heißen Topf geben umrühren und erkalten lassen.

Zu einer Rhabarber-Erdbeergrütze schmeckt Vanilleeis ganz vorzüglich!

Hamburger Rote Grütze (Original)

„... sollte nicht für weniger als 8 Personen gekocht werden, sonst schmeckt sie einfach nicht!" ist in einer handgeschriebenen Aufzeichnung von 1880 zu lesen. Nur damals nahm man Gerstengrütze oder Sago und nicht die feinere Speisestärke, nur der Name ist geblieben. Hier die Original Hamburger Rote Grütze in diese gehören keine Früchte!

6 Liter Wasser, 400 g Sauerkirschen, 400 g Himbeeren, 400 g Rote Johannisbeeren, 800 g Schwarze Johannisbeeren, 1 halbierte Orange, 500 g Zucker, 1 Vanillestange, etwa 180 g Speisestärke.

Das Wasser mit sämtlichen Früchten in einem Topf zum Kochen bringen, den Zucker sowie die Vanillestange zufügen und 45 Minuten kochen. Dann erkalten lassen und den Kochsud durch ein Tuch oder feines Sieb gießen, die Früchte bleiben zurück. Nun die Speisestärke in 1/2 Liter Flüssigkeit auflösen, diese unter den kochenden Fruchtsaft rühren und nochmals aufkochen. Auf Förmchen verteilen und möglichst 12 Stunden erkalten lassen. Dann können die Förmchen auf weiße Teller gestürzt und mit kalter Milch oder Vanillesoße gegessen werden.

Fruchtpresse

Eisparfait von Heidehonig und geröstetem Vollkornsesam

ein etwas aufwendiger, doch köstlicher Nachtisch mit Honig aus der Lüneburger Heide.

Für 6-8 Personen: 2 Eier, 4 Eigelb, 100 g Heidehonig, 6 cl Birnengeist, 150 g Vollkornsesam, 1/2 Liter Sahne.

In einem Aufschlagkessel die Eier, das Eigelb und den Honig mit einem feinen Schneebesen verrühren.
Wasser in einem Topf aufkochen bis der Siedepunkt erreicht ist, dann den Aufschlagkessel daraufsetzen und den Eihonig zu einer cremig-glänzenden Masse verrühren. Dabei darauf achten, daß die Eihonigmasse nicht gerinnt. Nun den Aufschlagkessel in Eiswasser stellen, den Birnengeist zugeben und die Eihonigmasse mit dem Schneebesen wieder kaltrühren.
Das Sesamvollkorn in einer heißen Eisenpfanne trocken goldbraun rösten. Dieses nun in die Eihonigmasse rühren, solange diese noch handwarm ist, dann weiter rühren auf 12-15 Grad.

122

Schließlich die Sahne schlagen und mit einem Rührlöffel unter die Honigsesammasse geben und in eine Form zum Stürzen füllen.

Nun 5-6 Stunden ins Tiefkühlfach stellen, danach auf eine Kücheplatte stürzen und in 6-8 Scheiben teilen. Kenner genießen dieses Eis mit einer Hagebuttensoße wie nachfolgend.

Aufschlagkessel mit Schneebesen

Burgunder-Hagebuttensoße

Für 6-8 Personen: 1/2 Liter roter Burgunder, 4 Beutel Hagebuttentee, 450 g Hagenbuttenmarmelade, 8 cl Orangensaft, 4 Eßl. Speisestärke.

Den Rotwein in einem Topf zum Kochen bringen, die Teebeutel hineingeben und darin 1/4 Stunde ziehen lassen. Dann die Beutel herausnehmen. Nun die Hagebuttenmarmelade mit einem Rührlöffel in den Rotwein geben, die Speisestärke mit dem Orangensaft glattrühren und ebenso der kochenden Hagebuttensoße zufügen - fertig!

Hagebutten

Barmbeker Bickbeerkaltschale

wie wir sie als Kinder immer gesammelt haben, um sie anschließend mit Milch zu verspeisen . Bickbeeren nennt man auch Blaubeeren oder Heidelbeeren. Hier als würzige Kaltschale:

Für 6 Pers.: 1 kg Bickbeeren, 1/2 Liter Wasser, 150 g Zucker, geriebene Schale von 1 Zitrone, 1 Zimtstange, 0,7 Liter Burgunder Rotwein, 80 g magerer Quark, 1 Eßl. Butter, 1 Eßl. brauner Zucker, 6 Scheiben Toast, gewürfelt, 6 Minzblätter oder Zitronenmelisse.

Die Bickbeeren im Wasser mit dem Zucker, der Zitronenschale und Zimtstange zu einem Mus kochen und durch ein nicht zu feines Sieb streichen.
Dann den Rotwein hineinrühren und für 2 Stunden kalt stellen. Die Suppe anschließend in 6 tiefe Teller gießen und den Quark mit einem Löffel in kleinen Klüten auf die Teller verteilen.
Darüber kommen in Butter und braunem Zucker glasierte Toastwürfel und schließlich jeweils 1 Minzblatt zum garnieren.

Rumpudding

5 Eigelb, 100 g Zucker, 1/4 Liter Milch, 9 Blatt Gelantine,
1 dl brauner Rum, 2/3 Liter steifgeschlagene Sahne.

Mit einem festen Schneebesen das Eigelb mit dem Zucker verquirlen. Die Milch einmal aufkochen und in die Eicreme rühren, dann im Wasserbad auf etwa 80 Grad unter weiterem Rühren erhitzen.

Die Gelantine in kaltem Wasser einweichen, ausdrücken und im vorher erwärmten Rum auflösen, dann zur Eicreme geben. Jetzt erkalten lassen, aber hin und wieder durchrühren.

Sobald die Creme gerade noch handwarm ist, die geschlagene Sahne unterheben, in eine große Glasschüssel gießen und über Nacht in den Kühlschrank stellen.

Anschließend kann man den Pudding ausstechen oder auch stürzen und mit Früchten oder Fruchtsoße servieren.

Gebäck

Heißewecken

60 g Hefe, 1/2 Liter Milch, 1 kg Mehl, 125 g Zucker, etwas gestoßener Kardamom, etwas Salz, 250 g Korinthen, 400 g Butter.

Die Hefe mit etwas lauwarmer Milch anrühren. In einer Schüssel das Mehl mit dem Zucker, Kardamom, Salz und Korinthen verrühren, die restliche Milch, Butter und schließlich die Hefe dazugeben und zu einem Teig durchkneten. Warm stellen und aufgehen lassen.

Dann nochmals durchkneten, runde Plätzchen (8 cm Durchmesser) formen und auf einem gefetteten Backblech im vorgeheizten Ofen bei 200 Grad etwa 20 Minuten backen.

Heißewecken werden möglichst heiß gegessen.

Backstube um 1880

Hamburger Braune Kuchen

Zutaten für etwa 50 kleine Braune Kuchen: 250 g Sirup, 65 g Butter, 60 g Schmalz, 1 Messersp. Kardamom, 1 Messersp. Zimt, 1 Messersp. Nelkenpulver, 65 g gemahlene Mandeln, 25 g feingehackte Sukkade, 2 Eßl. Rosenwasser, 5 g Pottasche, 1/2 Päckchen Backpulver, 280 g Mehl, Fett fürs Backblech.

Den Sirup, die Butter und den Schmalz in einem Topf erwärmen und gut miteinander verrühren, dann abkühlen lassen bis die Masse noch handwarm ist.

Nun die Gewürze, Mandeln, Sukkade, die mit Rosenwasser vermischte Pottasche, sowie das mit dem Backpulver vermengte Mehl zugeben. Alles zu einem glatten Teig kneten und etwa 3 Tage zugedeckt bei Zimmertemperatur stehen lassen.

Nachdem der Teig gut durchgekühlt ist, zwischen 2 Klarsichtfolien 2 mm dick ausrollen, 3 x 3 cm Rechtecke schneiden und auf einem gefettetem Backblech 15 Minuten bei 200 Grad backen. Die Plätzchen noch warm vom Backblech lösen, abkühlen lassen, und in verschließbare Blechdosen oder Steinguttöpfe legen.

Hamburger Weiße Kuchen

Zutaten für etwa 100 kleine Plätzchen: 5 Eier, 500 g Zukker, geriebene Schale von einer unbehandelte Zitrone, 1/2 Teel. Zimt, 1/2 Teel. Nelkenpulver, 15 g Pottasche, 80 g feingehackte Sukkade, 600 g Mehl, Fett fürs Backblech.

Die Eier in eine Rührschüssel geben und mit dem Schneebesen gut durchschlagen, dabei den Zucker nach und nach mit hineinrühren. Nun die Zitronenschale, Gewürze, Pottasche, Sukkade und zum Schluß das Mehl zugeben, zuerst rühren, dann kneten.

Den Teig einen Tag lang im Kühlschrank stehen lassen, danach mit dem Nudelholz 2 mm dick ausrollen. Dies geht am besten mit einer Klarsichtfolie, die man über den Teig legt, damit der Teig nicht am Nudelholz kleben bleibt.

Nun in 3 x 3 cm Quadrate schneiden, eng aneinander auf ein Backblech setzen und im vorgeheizten Ofen bei 160 Grad 25 Minuten backen.

Die Weißen Kuchen müssen noch warm vom Backblech genommen, dann aber etwa 3 Wochen fest verschlossen in Steinguttöpfe gelegt werden.

Ingwer-
Gewürzplätzchen

600 g Mehl, 300 g Butter, 1 Eßl. gemahlenes Ingwerpulver,
1 Teel. gemahlenes Kurkumapulver, 1 Messersp. Salz, 1 Eßl.
Backpulver, 1 Eßl. Vanillezucker, etwa 80 g Puderzucker,
3 Eßl. geriebene Limonenschale.

Das Mehl in eine große Schüssel geben, eine Mulde in der
Mitte lassen.
Die Butter anwärmen (zerlassen) und Ingwer und Kurkuma darin anrühren und den Rest der Zutaten in das Mehl
geben und daraus einen Mürbeteig kneten. Den Teig 3 Stunden im Kühlschrank kalt stellen, dann 3 mm ausrollen, mit
dem Puderzucker bestäuben und Limonenschale über den
Teig geben. Nun kleine Taler ausstechen und im vorgeheizten Ofen bei Umluft 200 Grad backen bis sie goldbraune
Farbe an den Rändern annehmen.

Kleine Aniskuchen

*180 g Mehl, 200 g Puderzucker, 60 g feingemahlener Anis,
5 Eier, 2 cl Pernod.*

Das Mehl, den Puderzucker und Anis in eine Schüssel geben und in der Mitte eine Mulde hineindrücken. Die Eier und den Pernod in die Mulde geben und mit dem Holzlöffel einen Teig rühren, bis keine Klümpchen mehr vorhanden sind. Ein Ofenblech dünn mit Butter bestreichen, mit Mehl bestäuben und das lose Mehl durch Umwenden des Ofenblechs abschlagen.
Nun mit einem Suppenlöffel 2 Mark große Teighäufchen auf das Backblech setzen und 3-4 Stunden trocknen lassen. Dann erst im vorgeheizten Ofen bei 220 Grad 2-3 Minuten goldgelb backen.
Erst nach dem Erkalten vom Backblech nehmen.

Getränke

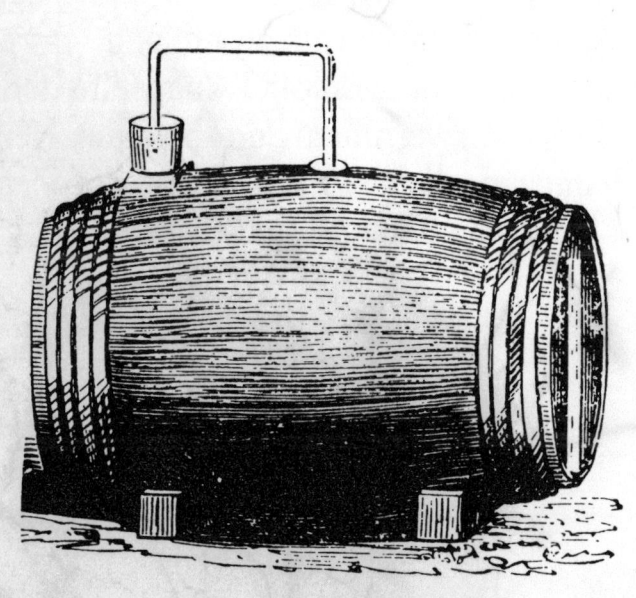

Angosturabowle

ein Hamburger Rezept aus dem Jahre 1895.

2 Zitronen, 125 g Zucker, 2 Flaschen Weißwein (je 0,7 Liter Rheinwein), 0,7 Liter Champagner, 0,7 Liter Selters, 2 Eßl. Angostura (Bitteraroma aus der Rinde des Angosturabaumes).

Zuerst die Zitronen in Scheiben schneiden, in einen Topf geben, den Zucker und zunächst 1 Flasche Weißwein zufügen und 2 Stunden stehen lassen.

Danach das Selters, die Flasche Champagner und die verbliebene Flasche Weißwein zuschütten.

Zum Schluß die 2 Eßlöffel Angostura mit einigen Eiswürfeln hineingeben, verrühren und servieren. Heute nimmt man statt Champagner lieber Prosecco, statt Zitronen Limonenfilets und an Stelle von Selters Tonicwasser.

Bowle mit Gläsern

135

Hamburger Alsterwasser

Ein großes Bierglas zu 2/3 mit Pils und zu 1/3 mit weißer Brause (Zitronenlimonade) aufgießen.
Beim Einfüllen der Limonade muß ihr Flaschenhals in das Bier eintauchen, damit die Kohlensäure der Limonade im Getränk bleibt.
Erst dann ist ein Alsterwasser richtig erfrischend!

Bickbeer - Limonade

1 kg Bickbeeren, 1 Bund Zitronenmelisse, 60 g Zucker, geriebene Schale und den Saft von einer Zitrone, 1 Liter Wasser, 0,7 Liter Selterswasser.

Die Bickbeeren in einem Topf mit Wasser, der Zitronenmelisse, dem Zucker, Zitronensaft und -schale etwa 15 Minuten durchkochen.
Dann durch ein feines Sieb streichen, das Selterswasser zugießen und erkalten lassen.
Danach auf Flaschen ziehen und verschließen.

Steuermann's Frühstück

2 cl Wodka, 1 Glas Tomatensaft, 1 Becher Joghurt, 1 zerdrückte Knoblauchzehe, 1 Spritzer Worchester, 1 Spritzer Tabasco, Salz, Pfeffer.

Alle Zutaten miteinander vermengen, trinken und gute Fahrt wünschen!

Milchgrog

2 cl Rum, 3/4 Tasse heiße Milch, 1 Eßl. Zucker, 1 Messersp. Muskat.

Den Zucker in eine Tasse geben, den Rum zufügen und mit der heißen Milch aufgießen. Das Muskatpulver darüber streuen.

Gastwirtschaft

Hamburger Grog

Der Grog ist ein alkoholisches Getränk bestehend aus Rum und heißem Wasser. Es heißt, daß einst ein englischer Admiral, den man „Old Groggram" nannte, der Namensgeber dieses Seemannsgetränks gewesen sein soll.

„Old Groggram" nämlich trug ein Jacke aus extrem grobem Stoff, welcher in Fachkreisen mit grog gram (gros grain) bezeichnet wurde. Der strenge Admiral verbot aus verständlichen Gründen seinen Matrosen, die wöchentliche Rumration auf einem Mal zu trinken und sorgte dafür, daß der Rum fortan mit kaltem Wasser verdünnt wurde. Dieses Getränk kalt genossen, schmeckt eher abstoßend und Seeleute haben immer wieder versucht es zu verbessern.

Auf diese Weise ist ein Grog entstanden, der wie folgt zubereitet wird:

1 Grogglas mit gläsernen Grogstäbchen zum Umrühren des Zuckers, 2/3 des Glases mit kochendem Wasser auffüllen, 1 oder 2 Stück Würfelzucker darin auflösen und mit vorgewärmtem braunen Rum aufgießen.

Dabei wird allgemein nach der Devise verfahren: Rum *muß*, Zucker *kann*, Wasser *braucht nicht* zu sein! Normalerweise nimmt man pro Person 2 cl Rum.

Die Wirkung des Rums

Pharisäer

Der „Pharisäer" ist, einer Anekdote zufolge, auf Nordstrand entstanden, wo es einst einen sehr strengen Pfarrer gab, der es gar nicht gerne sah, wenn seine „Schäfchen" Alkohol tranken und auch laut dagegen von der Kanzel her predigte. Nun war es aber Sitte, daß zu den Familienfesten wie Taufe, Hochzeit usw. der Pastor eingeladen wurde. Da nun die Nordfriesen auf ihren Rum nicht verzichten wollten, andererseits aus Respekt vor ihrem Seelenhirten nicht wagten, ihn öffentlich zu trinken, kam eines Tages jemand auf die Idee, den Rum in den Kaffee zu tun. Gesagt - getan! Von nun an füllte man bei den Familienfeiern die Kaffeetassen halb mit Rum und halb mit Kaffee, setzte, um den Geruch des Alkohols zu überdecken, eine Sahnehaube darauf und kam so ungestraft zum Alkoholgenuß, während der Pastor weiterhin nur Kaffee erhielt. Der wunderte sich zwar bei jeder Festivität auf's Neue, daß alles um ihn herum immer lustiger wurde, kam jedoch lange Zeit nicht hinter das Geheimnis, bis es eines Tages geschah, daß im Eifer des Gefechts und erhöhtem Grad der Alkoholisierung seine Tasse vertauscht wurde und er nun auch eine Tasse des „veredelten" Kaffees erhielt. Voller Entrüstung rief er daraufhin: „Oh, ihr Pharisäer" und gab damit dem Getränk seinen Namen.

Kaffeetafel um 1890

141

Eine große Kaffeetasse zur Hälfte mit frischem starken Kaffee auffüllen, nach Belieben Zucker und ein großes Schnapsglas Rum hinzufügen und eine Haube süßer, steifer Schlagsahne darübergeben.

Den Pharisäer nicht mehr umrühren und durch die Sahnehaube hindurch schlürfen.

In manchen Gaststätten bekam man vom Wirt den 7. Pharisäer gratis, weil ihn sowieso keiner mehr schaffte. Das Getränk soll schon so manchen trinkfesten Mann umgehauen haben!

In dieser Reihe erschienen: